Kohlhammer

**Brennpunkt Politik**

Herausgegeben von Dr. Martin Große Hüttmann, Dr. Anna Meine, Prof. Dr. Gisela Riescher, Prof. Dr. Reinhold Weber.

Eine Übersicht aller lieferbaren und im Buchhandel angekündigten Bände der Reihe finden Sie unter:

 https://shop.kohlhammer.de/brennpunkt-politik

**Der Autor**

Jörg Armbruster, geboren 1947, war bis 2012 zum zweiten Mal Nahostkorrespondent des ARD-Fernsehens mit Sitz in Kairo. Erstmals hatte er von 1999 bis 2006 aus dem Nahen Osten berichtet. Von 2006 bis 2009 leitete er die Auslandsredaktion des SWR und moderierte den ARD-Weltspiegel. Armbruster hatte in Köln Politik- und Sozialwissenschaften studiert. Das Studium schloss er mit einem Diplom ab. Nach seinem Studium arbeitete er zunächst für den WDR-Hörfunk, anschließend für den SDR bis zu dessen Fusion mit dem SWF zum SWR. Für seine Berichterstattung aus dem Nahen Osten bekam er mehrere Auszeichnungen u. a. den Hanns-Joachim-Friedrichs-Preis und den Bayrischen Fernsehpreis für sein Lebenswerk.

Jörg Armbruster

# Ewiger Krisenherd

Ist der Nahe Osten noch zu retten?

Verlag W. Kohlhammer

Dieses Werk einschließlich aller seiner Teile ist urheberrechtlich geschützt. Jede Verwendung außerhalb der engen Grenzen des Urheberrechts ist ohne Zustimmung des Verlags unzulässig und strafbar. Das gilt insbesondere für Vervielfältigungen, Übersetzungen, Mikroverfilmungen und für die Einspeicherung und Verarbeitung in elektronischen Systemen.

Dieses Werk enthält Hinweise/Links zu externen Websites Dritter, auf deren Inhalt der Verlag keinen Einfluss hat und die der Haftung der jeweiligen Seitenanbieter oder -betreiber unterliegen. Zum Zeitpunkt der Verlinkung wurden die externen Websites auf mögliche Rechtsverstöße überprüft und dabei keine Rechtsverletzung festgestellt. Ohne konkrete Hinweise auf eine solche Rechtsverletzung ist eine permanente inhaltliche Kontrolle der verlinkten Seiten nicht zumutbar. Sollten jedoch Rechtsverletzungen bekannt werden, werden die betroffenen externen Links soweit möglich unverzüglich entfernt.

Umschlagabbildung: AFP Photo/Roberto Schmidt via Getty Images.

1. Auflage 2023

Alle Rechte vorbehalten
© W. Kohlhammer GmbH, Stuttgart
Gesamtherstellung: W. Kohlhammer GmbH, Stuttgart

Print:
ISBN 978-3-17-043185-0

E-Book-Formate:
pdf:     ISBN 978-3-17-043186-7
epub:   ISBN 978-3-17-043187-4

# Inhaltsverzeichnis

| | |
|---|---|
| Einleitung – wie alles anfing | 7 |
| Israel – vom Feind zum Freund? | 26 |
| Die Erdölstaaten – reich und repressiv | 43 |
| Arabellion und die Folgen | 58 |
| Muslimbrüder, Salafisten & Co. | 84 |
| Wie viel Westen verträgt der Nahe Osten? | 102 |
| »Failed States« – Syrien, Libyen und der Jemen | 123 |
| Ausblick – ist ein solcher Naher Osten noch zu retten? | 138 |
| Chronologie der wichtigsten Ereignisse im Nahen Osten | 148 |

# Einleitung – wie alles anfing

Alles begann mit einer Lüge, genauer gesagt: mit einem feierlichen Versprechen der britischen Regierung, von dem sie gewusst haben musste, dass sie es nicht einlösen konnte. Damit nahm sie bewusst in Kauf, dass sich früher oder später die Betroffenen betrogen, getäuscht und bis heute hinters Licht geführt fühlen. Noch heute gilt dieses gebrochene Wort der britischen Regierung als die moderne Ursünde des Westens im Nahen Osten, als geplanter Verrat, als einer der Auslöser vieler Konflikte in der arabischen Welt.

Wir sind im zweiten Jahrzehnt des 20. Jahrhunderts. In Europa tobte der Erste Weltkrieg. Das Deutsche Kaiserreich und Österreich-Ungarn, die sogenannte Mittelmächte, auf der eine Seite, Frankreich, Großbritannien, Russland und später die USA auf der anderen. Franzosen, Engländer und Deutsche verbluteten auf den Schlachtfeldern Nordfrankreichs. Die Fronten verliefen nicht nur quer durch Europa. Auch der Nahe Osten war bald Schauplatz erbitterter Schlachten. Als die Kolonialmächte Großbritannien und Frankreich versuchten, die osmanische Hauptstadt Konstantinopel zu erobern, rief Mehmed V., Sultan des Osmanischen Reiches und Kalif aller Muslime, zum Heiligen Krieg auf. In einer der blutigsten und brutalsten Kämpfe des Ersten Weltkrieges verteidigten seine Soldaten den Bosporus und ihre Hauptstadt. Nach einem Jahr und über 350.000 Toten mussten sich die beiden europäischen Armeen geschlagen zurückziehen. Weit zurückziehen, bis nach Ägypten. Für die Briten war dies eine bittere Niederlage, die sie zwang, lokale Verbündete zu suchen, da die eigenen Soldaten in Europa gebraucht wurden.

Und hier beginnt das erste Doppelspiel von Versprechen und Täuschung. Nach dem Misserfolg vor Konstantinopel sollte der britische Hochkommissar von Ägypten, der Diplomat Sir Henry McMahon, so schnell wie möglich eine neue Front gegen das Osmanische Reich aufbauen, das mit seinen auf dem Sinai stationierten Truppen den Suezkanal bedrohte. Eine osmanische Kontrolle dieser wichtigsten Wasserstraße zwischen Europa und dem fernen Osten – nicht nur für die Briten ein Alptraum. Schließlich wurden über diese an manchen Stellen damals gerade mal 58 Meter breite Durchfahrt vom Indischen Ozean in das Mittelmeer Soldaten, Handelswaren und andere kriegswichtige Güter transportiert.

Die Briten entschieden sich für eine Taktik, mit der schon die alten Römer erfolgreich gewesen waren: teile und herrsche. Der Hass arabischer Stammesfürsten auf den osmanischen Expansionsdrang, der auch vor ihren Stammesgebieten nicht Halt machte, war ihnen nur allzu gut bekannt. Also versuchten die Briten, sie zu einem Aufstand zu überreden. Sollte dieser erfolgreich sein und die türkischen Truppen in das Kerngebiet des Osmanischen Reiches, der heutigen Türkei, zurückdrängt werden, sollten die arabischen Partner mit einem Großreich vom Jordan bis einschließlich der arabischen Halbinsel belohnt werden. Dieses Versprechen bekamen die Wüstenfürsten sogar schriftlich. Am 24. November 1915 schrieb McMahon an den Sherifen von Mekka, den Haschemitenherrscher Hussein Ibn Ali, Gebiete mit christlicher Bevölkerung wie der Levante kämen zwar nicht in Frage aber: »Vorbehaltlich der obigen Modifikationen ist Großbritannien bereit, die Unabhängigkeit der Araber anzuerkennen und zu unterstützen innerhalb der Länder, die in den vom Sherifen von Mekka vorgeschlagenen Grenzen liegen.«

### Haschemiten
Großclan in Mekka und Medina, dessen Abstammung auf den Propheten Mohammed zurückgeht. Hat eine Sonderrolle in der islamischen Geschichte. Seit dem 10. Jahrhundert als Sherifen von Mekka Herrscher über die Heiligen Stätten. 1921 wurde Faisal erster König des Irak, sein Bruder Abdallah Emir von Transjordanien, ab 1946 König von Jordanien. 1925 wurden die Haschemiten vom späteren saudischen König Ibn Saud von der Arabische Halbinsel vertrieben. Heute stellen sie nur noch den König von Jordanien, ein an Bodenschätzen armer Staat.

Der Stamm der Haschemiten konnte sich also Hoffnung machen, am Ende des Feldzuges Herrscher über den größten Teil der arabischen Welt zu werden, über Gebiete in Syrien, Jordanien und dem Irak einschließlich der arabischen Halbinsel. Ein gewaltiges Imperium. Daher zögerte der Sohn des Sherifen Faisal I. nicht lange. Am 5. Juni 1916 rief er zum Heiligen Krieg gegen die Osmanen auf, allerdings ohne zu wissen, dass die Briten die Araber schon längst ausgetrickst hatten. In Wirklichkeit hatten sie ganz andere Pläne mit dem Nahen Osten. Mit den Franzosen hatten sie einen Monat zuvor ein Abkommen unterzeichnet, in dem sie das riesige Osmanische Reich nach dessen Niederlage zwischen sich aufteilten. Mit anderen Worten: Die beiden Kolonialmächte wollten Besitzer des ganzen Hauses sein, für die Araber hatten sie bestenfalls den Posten des Hausmeisters vorgesehen. Frankreich sollte das heutige Syrien und den Libanon als Einflussgebiet bekommen, Großbritannien Palästina, das Gebiet jenseits des Jordans, das spätere Jordanien, außerdem den ölreichen Irak einschließlich der Kurdenprovinzen im Norden. Benannt ist dieses geheime *Sykes-Picot-Abkommen* nach den beiden Unterhändlern, dem britischen Diplomaten Marc Sykes und seinem französischen Kollegen François Georges-Picot.

Noch eine weitere Verpflichtung war die britische Regierung eingegangen, die den Wunsch der Potentaten aus der Wüste nach Unabhängigkeit und Souveränität zumindest in Teilen unmöglich machen sollte. Seit Ende des 19. Jahrhunderts hatten im Hafen von Haifa immer mehr Schiffe mit jüdischen Einwanderern angelegt, die meisten geflohen vor den antijüdischen Pogromen im Zarenreich und anderen Ländern Osteuropas. Etwa 25.000 bis 30.000 sollen es in der ersten Einwanderungswelle gewesen sein. In »Eretz Israel«, im Land Israel, wollten sie als gläubige Juden leben, in landwirtschaftlichen Genossenschaften oder als Handwerker in Städten wie Jerusalem oder Akkon.

Als Zionisten bezeichneten sich diese Auswanderer, die sich als Rückkehrer in das Land der »Väter und Bibel« verstanden. Ihr wichtigster Vordenker vor dem Ersten Weltkrieg, der Journalist

# Einleitung – wie alles anfing

Theodor Herzl, nannte als Hauptziel dieser neuen Ideologie »die Schaffung einer öffentlich-rechtlich gesicherten Heimstatt«. Als Berichterstatter für eine Wiener Zeitung hatte er den judenfeindlichen Dreyfus-Prozess in Paris erlebt. Angesichts dieser antisemitischen Auswüchse im Gerichtssaal einer europäischen Kulturnation verlor er den Glauben, dass Europa je bereit sein werde, Juden als gleichberechtigte Bürger anzuerkennen. Für ihn konnte diese »Judenfrage«, wie er es nannte, nur gelöst werden, wenn sie sich einen eigenen Nationalstaat schafften.

**Politischer Zionismus**
Einrichtung eines legalen und von Nachbarn anerkannten jüdischen Staates in Palästina durch Verhandlungen, Verträge und legalen Kauf von Grund und Boden. Allerdings schließt der politische Zionismus einen illegalen Erwerb von Land heute nicht mehr aus, das gilt besonders für den Bau von israelischen Siedlungen im Westjordanland.

**Religiöser Zionismus**
Diese Variante leitet das Recht auf Palästina aus der Torah ab. Dieser Anspruch auf »das Land Israel für das Volk Israel« schließt Gewalt gegen dort Lebende Nichtjuden nicht aus. Vertreter dieser Richtung des religiösen Zionismus sind schon seit etlichen Legislaturperioden in israelischen Regierungen vertreten.

Auch in Großbritannien gewann der Zionismus immer mehr Anhänger, unter anderem in der politischen Oberschicht des Landes. Eine nicht unwichtige Rolle mag für die britische Regierung dabei die Frage gespielt haben, wer in Palästina am besten ihre Interessen vertreten könnte. Die arabischen Ureinwohner sicherlich nicht, eher wohl mit europäischem Denken vertraute Einwanderer. Daher beauftragte das Kabinett Außenminister Lord Arthur James Balfour, den Vorsitzenden der jüdischen Gemeinde in Großbritannien, Lord

Walter Rothschild, eine »Sympathie-Erklärung mit den jüdisch-zionistischen Bestrebungen, die vom Kabinett geprüft und gebilligt worden ist«, zuschicken. In dieser sogenannten *Balfour-Declaration* versicherte die britische Regierung dem aktiven Zionisten Rothschild: »Seine Majestät Regierung betrachtet die Schaffung einer nationalen Heimstatt in Palästina für das jüdische Volk mit Wohlwollen und wird die größten Anstrengungen machen, um das Erreichen dieses Zieles zu erleichtern«.

Allerdings forderte die Erklärung auch, die »politischen und religiösen Rechte nichtjüdischer Gemeinschaften« in Palästina nicht zu beeinträchtigen. Freilich verstanden diese »nichtjüdischen Gemeinschaften« diese Einschränkung, sofern sie überhaupt von ihr erfuhren, eher als ein Feigenblatt denn als eine Sicherheitsgarantie, da sie in der Erklärung nur ganz am Rande auftauchen – eine Art regionaler Kleinkram. Dabei lebten 1917 in Palästina, dem Jahr des Balfour-Briefes an Rothschild, rund 574.000 muslimische Araber gegenüber 56.000 einheimischen und zugewanderten Juden.

Das also war die Situation zwischen 1915 und 1917. Drei Versprechen hatten die Briten abgegeben. Drei Versprechen, deren Erfüllung sich untereinander ausschlossen. Wie sollten sie und ihre französischen Bundesgenossen ihre geheimen Teilungspläne in Einklang bringen mit den Zusagen an den Sherifen aus Mekka? Wie die zu erwartende Masseneinwanderung der Zionisten nach Palästina den dort lebenden Arabern gegenüber rechtfertigen? Wie verhindern, dass sich bei den kaum vermeidbaren Konflikten nicht offene Gewalt Bahn bricht?

Die Briten hofften, dass die neuen Einwanderer dem feudal geprägten Palästina einen Entwicklungsschub geben würden. Doch diese eurozentristische Wunschvorstellung stellte sich bald als ein gefährliches Trugbild heraus. Immer mehr Zionisten kauften mit Duldung der britischen Mandatsverwaltung arabischen Großgrundbesitzern Land ab, auf dem sie Kibbuzim gründeten und das sie erfolgreich bewirtschafteten. Den arabischen Bauern erwuchs so eine Konkurrenz, wie sie sie so bisher noch nicht gekannt hatten. Kein Wunder daher, dass die Palästinenser die Zuwanderung als ein Risiko für ihre konservativen Traditionen erlebten, als Gefährdung ihrer religiösen Werte, als Bedrohung ihrer Existenzen. Die sie demütigende Kolonialherrschaft der Briten zusammen mit der zionistischen Landnahme zeigte ihnen immer wieder ihre eigene Hilflosigkeit. Jeden Tag. Blutige Aufstände zwischen 1920 und 1940 waren die Folge. Die Zionisten, die aus Palästina einen eigenen Staat machen wollten, verschanzten sich in ihren Kibbuzim hinter hohen Palisadenzäunen und gründeten eine Geheimarmee, die arabischen Palästinenser antworteten mit nächtlichen Überfällen und Morden, um diese schleichende Staatswerdung zu verhindern, schließlich sahen sie Palästina als ihr eigenes Land an. Bis zur Gründung des Staates Israel im Mai 1948 sollte das britische Mandatsgebiet Palästina also keine Ruhe mehr finden.

> **Bewaffnete Konflikte in Palästina bis 1949**
> 1920/21: Ausschreitungen gegen die jüdische Bevölkerung in Palästina, u. a. in Jaffa, mit Toten und Verletzten.
> 1929: Bei Zusammenstößen in Hebron zwischen Juden und Arabern sterben 67 Juden sowie neun Araber, die von britischen Polizisten erschossen wurden. Aber 400 Juden wurden in Hebron von arabischen Familien versteckt. Insgesamt starben bei Unruhen im ganzen Land 116 Araber und 136 Juden.
> 1930–1935: Neu gebildete *Qassam*-Einheiten greifen jüdische Siedlungen an.
> 1936–1939: Großer arabischer Aufstand.
> 1931–1949: Die jüdischen Untergrundmilizen *Irgun* und *Lechi* greifen palästinensische und britische Ziele an; bspw. 1946 Bombenanschlag auf das Jerusalemer King David Hotel, dem britischen Hauptquartier, mit 91 Toten und 86 Verletzten.

Schon in den zwanziger Jahren hatten aus Mitteleuropa stammende jüdische Intellektuelle wie der Religionsphilosoph Ernst Simon die Bewegung Brit Shalom (Bund des Friedens) gegründet, die sich energisch für eine Verständigung mit den Arabern einsetzte. Zu seinen Mitstreitern gehörten der Theologe Martin Buber, der Religionshistoriker Gershom Scholem und der in Prag geborene Journalist und Schriftsteller Robert Weltsch. Sie setzten sich als Minderheit unter den Zionisten vehement für einen bi-nationalen jüdisch-arabischen Staat ein, für einen Kompromiss und eine Verständigung zwischen Arabern und Zionisten. Schließlich hatten die Neueinwanderer nicht selten den alteingesessenen Arabern das Land weggenommen, als sie ihre Kibbuzim geründeten, zumindest sahen es die arabischen Bewohner Palästinas so – selbst dann, wenn das Land gekauft und der neue Besitzer in ein Grundbuch eingetragen war. Diese liberalen Vordenker wollten für einen gerechten Ausgleich zwischen Palästinensern und Zionisten sorgen, um so absehbaren Konflikten vorzubeugen. Durchsetzen konnten sie sich aber nicht. Sie blieben eine intellektuelle Minderheit, spielten aber nach der Staatsgründung 1948 eine nicht unwichtige Rolle im Kulturleben des neuen Staates.

Der Journalist Robert Weltsch war 1938 aus Berlin in das britische Mandatsgebiet eingewandert, ab 1945 berichtete er für die liberale Tageszeitung *Haaretz* als Korrespondent aus London. Zusammen mit Hannah Arendt, Martin Buber und anderen sollte er 1955 das renommierte Leo-Baeck-Institut in Jerusalem gründen, das zusammen mit Ablegern in New York und London sowie einer Zweigstelle in Berlin die deutsch-jüdische Geschichte und Kultur wissenschaftlich erforscht und aufarbeitet.

Juden und Araber, so Weltsch, sollten gleichberechtigt in ein und demselben Staat leben – mit in der Verfassung abgesicherten Rechten, mit Repräsentanz im Parlament und Beteiligung an der Regierung. Auch Theodor Herzl, dem Vater des Zionismus, hatte ein solcher Staat gleicher Bürger vorgeschwebt. Besonders verbreitet war die Idee eines diskriminierungsfreien Staates unter den vor den Nazis geflohenen deutschstämmigen Juden, schließlich hatten gerade sie die Erniedrigung durch die Nationalsozialisten am eigenen Leib hatten erfahren müssen. Unter den nationalistischen Zionisten hatte sich Weltsch allerdings viele Feinde gemacht, denn diese wollten einen rein jüdischen Staat aufbauen.

»Dies ist unser Land«, verkündeten sie. Außerdem beriefen sich die radikalen Zionisten auf das dem auserwählten Volk in den fünf Büchern Moses verheißene Land. Sie verstanden die Torah gewissermaßen als eine Art Grundbuch.

> »Im Konflikt zwischen dem nationalen Inseldenken israelischer Zionisten und der Offenheit gegenüber dem Weltjudentum sprachen sich die meisten Jeckes (aus Deutschland eingewanderte Juden) für Offenheit und universelle humanistische Werte aus. Im Konflikt zwischen religiösen und weltlich-liberalen Wertvorstellungen vertraten die meisten Jeckes den letztgenannten Standpunkt. Im Konflikt zwischen sozialistischem Kollektivismus und liberalem Individualismus waren die Jeckes bei den Liberalen zu finden ... Im Konflikt zwischen Gewalttätigkeit, Militarismus, Extremismus sowie Feindseligkeit gegenüber Arabern auf der einen Seite und Friedensbereitschaft auf der anderen Seite befürworteten die Jeckes Toleranz und Kompromisslösungen.« (Tom Segev: *Die siebte Million. Der Holocaust und Israels Politik der Erinnerung*)

Durchsetzen konnten sich die liberalen Einwanderer nicht. Der binationale Staat blieb eine Utopie. Ob eine solche Lösung je funktioniert hätte oder ob sie nur der humanistischen Sehnsucht einer mit knapper Not der Ermordung durch die Nazis Entkommener geschuldet war, darüber lässt sich heute nur noch spekulieren. Am Ende verwirklichten die nationalistischen Zionisten ihre Vorstellung eines jüdischen Staates, in dem allerdings auch eine arabische Minderheit lebte. Auch David Ben Gurion, der erste Premierminister des Landes, lehnte solche Kompromisse ab: »Ich befürworte einen Zwangstransfer (der Palästinenser). Ich sehe nichts Unmoralisches darin«, hatte er schon 1938 an die *Jewish Agency* geschrieben.

**David Ben-Gurion**
Geboren als David Josef Grün am 16.10.1886 in Płońsk, russisches Kaiserreich. Gestorben am 1.12.1973 in Ramat Gan, Israel. 1906 ausgewandert von Polen nach Haifa. 1930 Mitbegründer der zionistisch-sozialistischen Arbeiterpartei (MAPAI). Verkündet am 14.5.1948 die Unabhängigkeit Israels. Von 1948–1953

> und von 1955–1963 war Ben-Gurion Premierminister und zeitweilig Verteidigungsminister. In seiner Amtszeit erfolgte die Urbarmachung von unbearbeitetem Land, Ansiedlungspolitik. Ben-Gurion vertrat die Ansicht, es gebe kein palästinensisches Volk. Über das Verhältnis zu den Arabern sagte er: »Wenn ich ein arabischer Führer wäre, würde ich nie einen Vertrag mit Israel unterschreiben. Es ist normal; wir haben ihr Land genommen. Es ist wahr, dass es uns von Gott versprochen wurde, aber wie sollte sie das interessieren? Unser Gott ist nicht ihr Gott.«

Allerdings ist auch nicht bekannt, dass arabische Politiker in der Entstehungsphase Israels jemals bereit gewesen wären, über das Modell »Ein Land für zwei Völker« zu verhandeln. Nur schwer vorstellbar; denn einer ihrer Führer, der Großmufti von Jerusalem Mohammed Amin al-Husseini, hatte schon bald nach der Machtergreifung Hitlers den Kontakt zur Nazi-Führung gesucht, in der Hoffnung, finanziellen und militärischen Beistand gegen die Briten und zionistischen Siedler zu bekommen. Tatsächlich gingen die Nazis und arabischen Nationalisten um al-Husseini eine mörderische Allianz ein, deren Basis ihr Hass auf Juden war. Ab 1941 lebte Husseini sogar als Gast Hitlers in Deutschland, wo er unter anderem half, auf dem Balkan Muslime für die Waffen-SS zu rekrutieren.

Das Verhalten arabischer Regierungen während und nach der Staatsgründung deutet ebenfalls nicht darauf hin, dass sie an einem bi-nationalen Staat interessiert gewesen wären. Im Gegenteil – die arabischen Regierungen verstanden die Gründung des Staates Israel als einen Versuch der Europäer, ihren Einfluss in der Region abzusichern. Auf die Ausrufung des Staats Israel am 14. Mai 1948 reagierten Länder wie Ägypten, Irak und Syrien daher mit Kriegserklärungen. Auch die Haschemiten, die sonst eher auf Ausgleich mit den neuen Nachbarn bedachten Herrscher über Jordanien, konnten sich dem Sog der arabischen Solidarität nicht entziehen und griffen Ziele im Westjordanland an.

> **Unabhängigkeitskrieg 1948/49**
> 29.11.1947: Teilungsplan der UNO verabschiedet.
> 14.5.1948: Unabhängigkeitserklärung Israels.
> 15.5.1948: Angriffe der arabischen Koalition mit dem Ziel der Auslöschung des neuen Staats. Schon am 13.5.1948 hatte die Arabische Legion (Jordanien) die jüdische Siedlung Kfar Etzion überfallen. Dabei starben 157 Menschen. Angriffe auf Jerusalem und das Westjordanland. Angriffe aus Süden (Ägypten) und Norden (Syrien).
> Erster von UN vermittelter Waffenstillstand vom 11.6. bis 8.7.1948. Aufrüstung auf beiden Seiten. Zweiter Waffenstillstand vom 18.7. bis 15.10.1948. In den folgenden Monaten Eroberung Galiläas; Korridor nach Jerusalem und Westjerusalem, im März 1949 Eilat am Roten Meer.
> 24.2.1949: Waffenstillstandsabkommen mit Ägypten; am 3.4.1949 mit Jordanien, am 20.7.1949 mit Syrien. Gazastreifen bleibt bei Ägypten, Westjordanland und Ostjerusalem bei Jordanien.
> Vertreibung und Flucht von 500.000 bis 600.000 Palästinensern. Zerstörung ihrer Dörfer. Beginn der Vertreibung der jüdischen Bevölkerung in arabischen Ländern.

Wie aber war es den Haschemiten in der Zwischenzeit ergangen, denen die Briten doch ein arabisches Weltreich versprochen hatten? Waren sie ihrem Wunschtraum wenigstens ein bisschen nähergekommen?

Entscheidend für das politische Schicksal der Länder im damaligen Nahen Osten war das Jahr 1922. In diesem Jahr erhielten Großbritannien und Frankreich vom neu gegründeten Völkerbund den Auftrag, die ihnen zugeteilten Länder »auf die Unabhängigkeit vorzubereiten«, wie dieser Vorläufer der UNO euphemistisch formulierte. Frankreichs Mandatsgebiet umfasste Syrien und den Libanon. Großbritannien bekam, wie im Sykes-Picot-Abkommen vorgesehen, Palästina, Transjordanien (seit 1950 Jordanien) und den Irak zugeteilt. Die arabischen Regenten dieser Länder sollten gemäß der Anordnung des Völkerbundes von ihren europäischen Paten »administrativen Rat und Unterstützung bis zu dem Zeitpunkt erhalten, zu dem sie auf eigenen Füßen stehen konnten«. Die Araber schienen in den Augen der Europäer also so etwas wie große Kinder zu sein, die, schlugen sie mal über die Stränge, durchaus auch übers Knie gelegt gehörten. In Wirklichkeit verbarg sich hinter dieser paternalistischen Bevormundung ein kaum verhüllter reiner Kolonialismus. Den neuen Emiren und Königen blieb nichts anderes übrig, als sich mit den nicht selten arroganten Europäern zu arrangieren, schließlich hatten sie denen ihre Thronsessel zu verdanken. Im von den Briten auf dem Reißbrett geschaffenen bettelarmen Transjordanien regierte ab 1922 der zweite Sohn des Sherifen von Mekka, Abdallah ibn al-Hussein.

Im Irak setzten die Briten dessen dritten Sohn Faisal als König ein. Sie übertrugen ihm damit eine nur schwer lösbare Aufgabe, denn sein Land hatten die Briten aus drei ehemaligen osmanischen Provinzen zusammengebacken. Niemand konnte damals wissen, ob sich die Bewohner der Provinz Basra im Süden, der Provinz Bagdad und der kurdischen im Nordirak jemals als Nation verstehen würden. Die Mehrheit bestand aus Schiiten, die seit der Herrschaft der Osmanen von der sunnitischen Minderheit politisch dominiert wurden. Außerdem gab es in dem Land Juden, Kurden und Jeziden. Die große Mehrheit der Iraker lebte auf dem Land in Stammesgemeinschaften mit eigenen Gesetzen. Sie begegneten dem von Kolonialisten eingesetzten König, der noch nicht einmal aus dem Irak stammte, nur widerwillig und unterkühlt. Damit regierten die Haschemiten zwar in zwei Ländern der arabischen Welt, von einem arabischen Großreich waren sie aber weit entfernt, zumal sie die Arabische Halbinsel in einem kurzen Krieg an den Stamm der Sauds verloren hatten.

Aber was heißt schon regieren. Sowohl in Transjordanien als auch im Irak saßen die Briten mit an den Kabinettstischen und sorgten dafür, dass keine Entscheidung gegen ihre Interessen getroffen wurde. In allen 18 Ministerien des Irak wachten britische Inspektoren über die Beachtung britischer Belange. Der Irak musste sogar die Hälfte der Gehälter dieser Aufpasser bezahlen. Britische, französische und amerikanische Firmen, die nur geringe Lizenzgebühren an die irakische Regierung abführten, beuteten Iraks Reichtum, sein Erdöl, aus. Erst 1961, knapp vierzig Jahre später, begann der irakische Staat die Ölquellen zu verstaatlichen. Drei Jahre zuvor hatte der irakische Oberst Abdel Karim Qassem die Briten erfolgreich aus dem Land geputscht.

**Unabhängigkeit arabischer Länder**
*Syrien* und *Libanon:* 1946 Abzug der Franzosen.
*Ägypten* – von Großbritannien abhängiges Königreich: 1952 Sturz des Königs, Abzug der Briten.
*Transjordanien:* seit 1946 volle Unabhängigkeit von Großbritannien; ab 1950 Jordanien.
*Libyen:* bis 1951 italienische Kolonie, anschließend Königreich, nach Putsch 1969 macht sich Muammar al-Gaddafi zum Vorsitzenden des Revolutionären Kommandorats (RCC), 2011 Sturz Gaddafis, seitdem kein funktionierender Staat mehr; große Erdölvorkommen.
*Tunesien:* Unabhängigkeit im Jahre 1956, von 1956–2011 durchgängig autoritär von der Einheitspartei Neo Destour/RCD regiert. Im Zuge der Revolution wurde eine verfassungsgebende Versammlung gewählt, die 2014 eine neue Verfassung verabschiedet hat. 2022 Verfassung außer Kraft gesetzt, wieder auf autoritärem Kurs.
*Irak:* Königreich von 1921–1958, großer Einfluss Großbritanniens, dann ab 1958 Republik; Verstaatlichung der Ölindustrie.
*Saudi-Arabien:* nie Kolonie, aber Teil des Osmanischen Reiches, ab 1902 allmähliche Eroberung durch Emir Abd al-Aziz II., Ibn Saud, nach 1945 enge Zusammenarbeit mit USA und Großbritannien.
*Kuwait:* Unabhängigkeit 1962, Erbmonarchie und Ölstaat.
*Bahrain:* 1970 Unabhängigkeit anerkannt, vorher Ansprüche des Iran auf Bahrain, da schiitische Bevölkerungsmehrheit.

> *Vereinigte Arabische Emirate:* Unabhängigkeit 1970, bis 1972 Zusammenschluss der sieben Emirate zu Vereinigten Arabischen Emiraten; große Ölvorkommen.
> *Oman:* faktische Abhängigkeit von Großbritannien, Abzug der britischen Truppen 1968, nach Absetzung seines Vaters übernahm Sultan Qabus ibn Said 1970 die Regierung bis zu seinem Tod 2021.
> *Katar:* 1972 Unabhängigkeit, absolutistische Monarchie, eines der reichsten Länder der Welt.
> *Jemen:* in Sechzigerjahren Bürgerkrieg zwischen Nord- und Südjemen (zaiditische Monarchien gegen Republikaner), 1967 Abzug der Briten; die Republik wird im Süden ausgerufen, unterstützt von der UdSSR und Ägypten, der Norden royalistisch, unterstützt von Saudi-Arabien und Großbritannien. 1990 Wiedervereinigung. Seit 2014 Krieg Saudi-Arabiens, der Emirate und Ägyptens gegen Huthi-Rebellen im Norden des Jemen.

Die Franzosen hatten sich schon 1946 aus ihrem Mandatsgebiet, Syrien und dem Libanon, zurückgezogen. Ihre Kolonie Algerien musste sich in den Fünfziger- und bis Anfang der Sechzigerjahre in einem blutigen Krieg von der fremden Herrschaft befreien. Im Irak schafften Putschisten unter General Abdel Karim Qassem 1958 die Monarchie der Haschemiten ab. Einzig in Jordanien ist nach wie vor jene Familie an der Macht, der die Briten einst ein Großreich versprochen hatten: die Haschemiten. In den kleinen Staaten am Persischen Golf dauerte die britische Kolonialzeit sogar bis Anfang der Siebzigerjahre.

Fremdherrschaft, Verrat, Imperialismus und westliche Doppelmoral – das waren also in der ersten Hälfte des vergangenen Jahrhunderts die Erfahrungen, die die Menschen im arabischen Raum machen mussten, erst mit den Osmanen, dann mit den Briten und Franzosen. Die versprochene Unabhängigkeit? Leeres Gerede. Stattdessen plünderten sie die Region aus. Kein Wunder, dass die Menschen immer wieder versuchten, das koloniale Joch abzuschütteln.

## Einleitung – wie alles anfing

So mehrfach im Irak. In Ägypten entstand Ende der Zwanzigerjahre die Bewegung der Muslimbrüder, die in allem Westlichen und Verwestlichtem einschließlich der eigenen Regierung den Erzfeind sahen. Mit Ende des Zweiten Weltkrieges begann auch im Nahen Osten eine neue Zeit. Ein Mann setzte sich an die Spitze der Bewegung: Gamal Abdel Nasser.

> **Gamal Abdel Nasser**
> 1918 in Alexandria in einfachen Verhältnissen geboren. Als Schüler nahm er an antibritischen Demonstrationen teil. Offizierslaufbahn. 1949 Gründung des »Komitees freier Offiziere«, das 1952 König Faruk stürzte. Erst Ministerpräsident, ab 1956 Präsident Ägyptens. Verstaatlichung des Suezkanals; Auslöser für den Suez-Krieg. Militärische Niederlage gegen Großbritannien, Frankreich und Israel, aber politischer Sieg. Annäherung an UdSSR. Im Juni 1967 verheerende Niederlage gegen Israel. Stirbt am 28. September 1970 in Kairo.

Als Oberst Gamal Abdel Nasser in Ägypten 1952 die immer noch sehr einflussreichen Briten und deren einheimische Vasallen zwang, das Land zu verlassen, hatte die arabische Welt ein neues Idol gefunden. Einen Nationalisten, der es wagte, den alten Kolonialherren die Stirn zu bieten. Und als dann 1956 Nasser den Suezkanal verstaatlichte, um sein Großprojekt, den Assuan-Staudamm zu finanzieren, kannte der Jubel in der arabischen Welt keine Grenzen mehr. Bislang war die Suezkanal-Gesellschaft eine internationale Aktiengesellschaft gewesen, mit Großbritannien und Frankreich als den alles entscheidenden Mehrheitsaktionären. Der größte Teil der Einnahmen aus den Durchfahrtsgebühren floss also nach London und Paris, nach Kairo höchstens ein Almosen.

Die Verstaatlichungspläne Nassers wollten diese Eigentümer nicht hinnehmen, war doch der Kanal die kürzeste Schiffsverbindung von Europa nach Fernost außerdem ein lukratives Geschäft. Zusammen mit Israel, dessen Zufahrt zum Rotmeerhafen Eilat Nasser gesperrt hatte, griffen England und Frankreich die Kanalzone an. Fallschirmjäger besetzten Port Said. Britische und französische Kampfflugzeuge zerstörten in kurzer Zeit die gesamte ägyptische Luftwaffe. Israel besetzte große Teile des Sinais. Militärisch war dieser Krieg für Nasser eine verheerende Niederlage: seine Flugplätze in Trümmern, Marineschiffe versenkt, die eigenen Soldaten weggelaufen. Auf Druck der USA, der UdSSR und der UNO mussten Frankreich und Großbritannien schließlich einlenken und die eigenen Truppen wieder abziehen. Blauhelmsoldaten ersetzen sie. Trotz ihres militärischen Sieges hatten sie alles verloren. Den Suezkanal, alle Stützpunkte in Ägypten, ihr Gewicht und Ansehen im Nahen Osten. Dagegen konnte die Sowjetunion ihren Einfluss ausbauen. Mehr als 15 Jahre wurde Ägypten wichtigster Verbündeter der UdSSR in der Region. Nasser ließ sich als der eigentliche Sieger feiern, fast als eine Art Erlöser, der Krieg gegen zwei westliche Großmächte geführt und darüber hinaus noch gegen den Erzfeind Israel gekämpft hatte.

Seit dem Ende der kolonialen Herrschaft hatten Länder wie Ägypten nach einer politischen Idee gesucht, die den Menschen Heil und Halt geben könnte, wobei sie die liberalen Politikmodelle der ehemaligen Kolonialmächte strikt ablehnten. Auf ein System, das für die Bevölkerung Mitspracherechte vorsah, wollten sie sich nicht einlassen. Ägyptens Präsident Gamal Abdel Nasser predigte stattdessen den Panarabismus als leuchtenden Pfad in die große gemeinsame Zukunft der arabischen Welt. Jeder Mensch mit Arabisch als Muttersprache sollte zu dieser großen Nation gehören, an deren Spitze er sich natürlich selber sah. Prosperität und Stärke aller arabischen Staaten versprach Nasser. Mit wirtschaftlicher Entwicklung und Modernisierung, als deren Motor er das Militär vorsah, sollte die Zeit des Kolonialismus überwunden und den Menschen ein höherer Lebensstandard geboten werden. Arabischen Sozialismus nannte er dieses Projekt, zu dem auch die Einführung des Frauenwahlrechts und eine Bodenreform gehörten. Er ließ Land, das bislang Großgrundbesitzern gehört hatte, Kleinbauern zuteilen, was ihm – kein Wunder – unter den Fellachen, den Bauern und Landarbeitern also, besonders viele Anhänger verschaffte. Die Industrie verstaatlichte er. Außerdem versuchte er durch öffentliche Wohlfahrtsleistungen die Ärmsten und Armen des Landes besser zu stellen, durch Subventionierung von Lebensmitteln, durch sozialen Wohnungsbau und kostenfreies Gesundheits- und Bildungswesen. Wohltaten, die es während der Monarchie so nicht gegeben hatte und die nun für Loyalität dieser Bürger sorgten.

Sein Versuch, durch eine Vereinigung seines Landes mit Syrien ein Großarabisches Reich zu gründen, scheiterte schon nach zwei Jahren. Auf großen Widerstand gegen seine politischen Ideen stieß er bei den Emiren und Königen der Arabischen Halbinsel. Sie lehnten solche modernen Ideologien als islamfeindlich strikt ab. Als 1962 im Jemen von Nasser militärisch unterstützte republikanische Offiziere versuchten das seit Jahrhunderten herrschende Imamat zu stürzen, griffen die Saudis auf Seiten des Imams ein. Dieser Regionalkrieg verwandelte sich schnell in einen Stellvertreterkrieg zwischen den stockkonservativen Golfregimen und Nassers Panarabisten, die sogar Giftgas im Jemen einsetzten.

Nasser regierte wesentlich autoritärer, als es die Ägypter bis dahin erlebt hatten: Parteien waren verboten und durch eine Einheitspartei ersetzt, die Verfassung annulliert, die Presse gleichgeschaltet, die Opposition verfolgt. Gerichte waren nicht viel mehr als loyale Erfüllungsgehilfen des Regimes. Das ganze Programm eines Alleinherrschers. Zunächst konnte sich seine Autorität auf den Enthusiasmus seiner Untertanen stützen, doch als der nachließ, setzte er Repression und Angst ein. Angst vor dem allgegenwärtigen Sicherheitsapparat, Angst vor Folter und Zensur, aber auch Angst, Privilegien zu verlieren. Weder im gegenwärtigen Ägypten noch in Syrien oder anderen Ländern des Nahen Ostens hat sich bis heute an diesen Polizeistaatsmethoden viel geändert, einmal abgesehen von dem kurzen Versuch der Selbstbefreiung der arabischen Jugend in den Jahren 2011 bis 2013.

Bei Repression, Folter und Polizeistaat im Nahen Osten kommen die Deutschen ins Spiel. Für Syrien war die DDR ein wichtiger

Lehrmeister in Sachen Unterdrückung Oppositioneller. Der syrischen Sicherheitsapparat in Damaskus hatte in den siebziger Jahren eng mit dem Ministerium für Staatssicherheit in Ostberlin zusammengearbeitet. Eines der Gebiete, auf dem die DDR-Geheimen ihren syrischen Kollegen mit eigenen Erfahrungen zur Hand gehen konnten, war die militärische und polizeiliche Überwachung und Bekämpfung der Regimegegner, in Syrien in erster Linie die militante Moslembruderschaft. Wie tief die Stasi in Folterpraktiken der Gefängnisse des Landes verstrickt war, lässt sich nur schwer feststellen. Ein gefürchtetes Folterinstrument ist jedenfalls auch heute noch der sogenannte »Deutsche Stuhl«, der »al-kursi al-almani«: ein stuhlähnliches Metallgestänge, mit dem der Rücken bis zum Bruch der Wirbelsäule nach hinten gebogen werden kann. Allerdings kann dieses Marterinstrument auch von Gestapo- und SS-Offiziere eingeführt worden sein, die sich nach dem Zweiten Weltkrieg aus der Bundesrepublik nach Syrien abgesetzt hatten, um in Damaskus den Geheimdienst aufzubauen. Sicherlich hat auch der ägyptische Geheimdienst vom sowjetischen KGB nicht nur gewaltfreie Verhörmethoden gelernt, als in den Sechziger- bis Anfang der Siebzigerjahre die UDSSR Truppen am Nil stationiert hatte.

Dann kam das Jahr 1967. Es sollte die arabische Welt dramatisch verändern. Alte Gewissheiten über die Größe der arabischen Nationen galten über Nacht nicht mehr, gefeierte Volkshelden entpuppten sich als Scharlatane, deren Staatsideologien als hohles Geschwätz. Die arabischen Nationalisten mussten erleben, wie das kleine verhasste Israel ihre Illusion einer panarabischen Großnation in kürzester Zeit zerschlug. Binnen einer einzigen Woche besiegten die israelischen Streitkräfte nicht nur die arabischen Armeen. Diese Niederlage im sogenannten Sechstagekrieg zerstörte auch den Glauben an die Stärke des Panarabismus. Menschen, die sich bislang von den leidenschaftlichen Reden Nassers hatten mitreißen lassen, mussten plötzlich erfahren, dass er sie mit nichts als Phrasen in die Irre geführt hatte.

> **Panarabismus**
> Vereinigung arabischer Staaten vom Atlantik bis zum Persischen Golf, als ein »Dritter Weg« zwischen Kapitalismus und Kommunismus, also zwischen USA und UdSSR. Blockfreiheit angestrebt. Antikoloniale Bewegung. Die Gründung von Nationalstaaten gilt als Ergebnis des Kolonialismus. Vereinigung von Syrien und Ägypten hielt nur von 1958–1961; Verhandlungen mit dem Irak scheiterten.
>
> **Islamismus**
> Alle Bereiche des Alltagslebens, der Politik und Wirtschaft sollen nach den Gesetzen des Koran geregelt, überwacht und befolgt werden. Vertreter sind Muslimbrüder, Salafisten, Djihadisten. Aber auch Golfstaaten haben die Sharia zu Grundlage ihrer Gesetze gemacht.

Mit dem Schock, den diese militärische Pleite ausgelöst hatte, kam die Stunde der Islamisten. Die Menschen strömten in die Gotteshäuser und lauschten diesen Predigern, die es meisterlich verstanden, deren Verzweiflung nach der Niederlage auszunutzen. Eine bessere Welt komme nur, wenn jeder wieder zu seinem Glauben zurückfände und die Gesetze des Koran befolge; nur dann könne die arabische Welt zu neuer Größe aufsteigen, predigten sie. Mit solchen Drohungen versuchten diese radikalen Imame, allen voran die der Muslimbrüder, das Vakuum auszufüllen, das der Sechstagekrieg bei den Besiegten hinterlassen hatte. Ihre Botschaft war so schlicht wie einprägsam: »Der Islam ist die Lösung.«

Bis auf den 2012 gewählten Präsidenten Ägyptens, Mohammed Mursi, schaffte es bislang kein Vertreter des politischen Islam an die Spitze eines arabischen Staates. Im Gegenteil, die Machthaber und ihr politisches und wirtschaftliches Establishment sehen sich von diesen religiösen Eiferern bedroht. Der Mord an Sadat am 6. Oktober 1981 scheint ihnen Recht zu geben. Zumindest ein Teil dieser Islamisten scheut auch vor Gewalt nicht zurück, um die in ihren Augen verwestlichen Eliten ihres Landes zu beseitigen. Einer von ihnen war jener aus Ägypten stammende Al-Qaida-Führer und bin Laden-Nachfolger Ayman Zawahiri, der am 2. August 2022 von zwei Hellfire-Raketen einer US-Drohne in Kabul getötet worden war. In den Siebzigerjahren war er zwar Mitglied derselben Terrorgruppen, der auch der Mörder Sadats angehörte. Eine Beteiligung hatte ihm das Gericht aber nicht nachweisen können.

> **Politischer Zustand des Nahen Osten heute**
> *Israel:* Demokratie mit freien Wahlen und wechselnden Regierungen
> *Tunesien:* zunehmend auf autoritärem Kurs
> *Irak:* schwache Demokratie mit Wahlen und wechselnden Regierungen
> *Ägypten* und *Syrien:* autoritäre Regime
> Alle *Golfmonarchien:* autoritäre Monarchien ohne Wahlen, mit schwachen, vom Herrscher ernannten *Shura-Versammlung* als Beratergremien
> *Libyen* und *Jemen: failed states*

Die Suche nach einer politischen Identität, die schon während der Kolonialzeit als Nationalismus begonnen hatte, dann über Panarabismus zum Islamismus führte, ist bis heute noch nicht abgeschlossen. Ob eine Demokratisierung in absehbarer Zeit eine Chance haben wird, ist eher unwahrscheinlich; denn den arabischen Regimen ist in erster Linie der Machterhalt wichtig. Eine offene Gesellschaft bekämpfen sie mit allen Mitteln, egal ob am Nil, in Damaskus oder auf der Arabischen Halbinsel. Außerdem kann eine Demokratisierung im Nahen Osten nur gelingen, wenn auch die Islamisten miteinbezogen sind. So zumindest der Nahost-Experte der *Frankfurter Allgemeinen Zeitung*, Rainer Hermann.

# Israel – vom Feind zum Freund?

Eine Holocaust-Ausstellung am Dubai-Creek? Kaum vorstellbar! Emiratis, die sich für das Leiden der Juden während der Nazi-Zeit interessieren, die beim Anblick des KZ-Grauens sogar in Tränen ausbrechen? In aller Öffentlichkeit? Undenkbar! Israelis, das sind doch die Feinde! Schülern wird beigebracht, Juden seien »Schweine« und »Affen«, würden Palästinenser ermorden. Erfolgreiche Fernsehserien benutzen das antisemitische Pamphlet, die *Protokolle der Weisen von Zion* als Vorlage, obwohl deren Fälschung schon lange nachgewiesen ist. Islamische Hassprediger verkünden sogar, Feindschaft mit Juden sei religiöse Pflicht.

Und nun das. Tatsächlich, es gibt sie. Eine Ausstellung über die Shoa mitten in Dubai, zugänglich für jedermann, besucht auch von jungen Arabern. Klein zwar, in einem einzigen Raum des privaten *Crossroads of Civilizations Museum* am Dubai-Creek untergebracht, kuratiert aber von einer Israelin. Die Zeiten haben sich offensichtlich geändert. Gewaltig geändert. Auch dank dieser mutigen Frau, die sich aus ihrer Heimat Israel sofort aufgemacht hatte in das Land am Persischen Golf, als ihre Regierung mit den Vereinigten Arabischen Emiraten einen Friedensvertrag schloss und damit Reisen möglich machte.

Yael Grafy heißt sie, Mitte dreißig, in Israel geboren. Dass die reiselustige Yael noch nie am Golf gewesen war, hat einen einfachen Grund. Seit der Gründung Israels 1948 war die arabische Welt für Israelis verriegelt und verrammelt: strengste Einreiseverbote in alle arabischen Länder. Wer es dennoch heimlich wagte, machte sich der Spionage verdächtig. Bis 1979 galt dieser arabische Totalboykott. Dann durchbrach als erstes arabisches Land Ägypten diesen Bann, als es einen Friedensvertrag mit dem jüdischen Staat schloss, 1994 zog Jordanien nach. Damit konnten Israelis wenigstens die Pyramiden sehen oder die Nabatäerstadt Petra in Jordanien besuchen. Dann dauerte es noch einmal 28 Jahre, ehe weitere arabische Länder ihre Kontaktverbote offiziell aufhoben. Zunächst die Emirate und das kleine Bahrain.

Am 15. September 2020 unterschrieben im Garten des Weißen Hauses in Washington Ministerpräsident Benjamin Netanjahu und die Außenminister der Emirate und Bahrains Friedensabkommen unter den Augen des selbstgefällig dreinblickenden US-Präsidenten Donald Trump. Auch Marokko und der Sudan schlossen sich diesem nach dem gemeinsamen Stammvater der Juden und Muslime benannten *Abraham-Accord* an. Mit diesen Unterschriften haben immerhin sieben von 22 Mitgliedern der Arabischen Liga ihren Israel-Boykott beendet.

**Die drei Neins von Khartum**
Nach der Niederlage im Sechstagekrieg beschlossen im September 1967 acht arabische Regierungschefs in Khartum: keine Verhandlungen mit Israel, keine Anerkennung Israels und kein Frieden mit Israel.
Ab 1993 Beginn des Osloer Friedensprozess zwischen Israel und Palästinensern, scheiterte nach wenigen Jahren.
2002 bot die Arabische Liga Israel Friedensverhandlungen an, wenn es sich aus den besetzten Gebieten zurückziehe. Israel lehnte das Angebot ab.

Was bedeutet dieser Vertrag für Menschen wie Yael Grafy? In erster Linie ein neues, bis dahin nicht gekanntes Tor in die arabische Welt. Sie können endlich reisen, sogar an den Persischen Golf. Nach Dubai, so erzählt sie, habe sie sich sofort ein Flugticket besorgt. In einem kleinen Museum am Creek, dem *Crossroads of Civilizations Museum,* entdeckte sie ein Bild mit der berühmten Synagoge auf der tunesischen Insel Djerba. Das Museum, untergebracht in einem historischen Gebäude in Dubais Altstadt, will Spuren zeigen, die verschiedenste Kulturen in der Handelsstadt zwischen der Arabischen Wüste und dem Persischen Golf hinterlassen haben. In erster Linie natürlich islamische Spuren, außerdem hinduistische aus Indien, einem schon seit Jahrhunderten wichtigen Handelspartner, aber auch jüdische Spuren werden gezeigt trotz aller arabischen Vorbehalte. Und hier setzte Yael an. Den Museumsbesitzer Ahmed musste sie gar nicht groß überreden: »Ahmed hatte in den USA studiert und in Washington das Holocaust-Museum besucht. Daher war er sofort einverstanden.«

Die Shoah auf ein paar Quadratmetern. Kann das gutgehen? Im Mittelpunkt der Ausstellung: die Fotografie eines Jungen mit vor Angst weit aufgerissenen Augen, die Hände erhoben, im Hintergrund SS-Soldaten, die mit Gewehren im Anschlag die Menschen vor sich hertreiben. Das Foto zeigt überlebende jüdische Widerstandskämpfer am Ende des Ghettoaufstandes in Warschau. Auf einem anderen – ein Arm mit einer eintätowierten KZ-Nummer, darunter eine israelische Flagge. Allein dieses Motiv galt bislang in der arabischen Welt als Provokation. Die Ausstellung lässt niemanden unberührt – bei einigen Besuchern provoziert sie Zorn. »Nieder mit dem Zionismus« hat jemand in das Gästebuch geschrieben. Aber auch von solchen Besuchern erzählt Yael, von Arabern, die fassungslos und aufgewühlt das Museum verließen, da sie kaum etwas über diese Zeit wussten, wissen konnten, so Yael: »In keinem einzigen Lehrplan ist die Shoa Thema.«

Ist dieses Abraham-Abkommen also eine Zeitenwende im Nahen Osten? Ein neuer Weg zu Frieden und Harmonie zwischen dem kleinen Staat am Mittelmeer und denen am Persischen Golf, die allerdings nie Krieg gegeneinander geführt haben? Für Israel und die Golfstaaten sind die Aktivitäten Yaels und Ahmeds sicherlich ein willkommener Beifang, vorrangig ist für sie aber etwas Anderes. Es geht um eine neue Machtallianz, die im Verborgenen schon seit etlichen Jahren funktioniert. Eine Machtallianz gegen einen gemeinsamen Feind auf der anderen Seite des Persischen Golfs, den Iran.

Für die arabischen Golfstaaten sind folgende Fragen entscheidend: Wer kontrolliert das Nadelöhr zwischen Oman und dem Iran, die Straße von Hormus, durch die Kapitäne riesiger Öltanker tagtäglich ein Drittel des weltweit auf See transportierten Erdöls und Erdgas navigieren. Wie kann man die Einkreisung der arabischen Halbinsel durch das Mullah-Regime verhindern? Im Jemen rüsteten die Teheraner Machthaber den Stamm der Huthis mit modernen Waffen aus. Seit 2015 führen die Emirate und Saudi-Arabien einen Krieg gegen diesen Iran-Verbündeten. Geschwächt haben sie ihn bislang nicht, dafür das Land zerstört und die Menschen in Armut und Elend getrieben. Dem Iran unterstellen die Golfstaaten wie auch Israel, er wolle heimlich eine Atombombe bauen. Über weitreichende Raketen verfügt er bereits. Im Irak, an den Nordgrenzen Saudi-Arabiens also, haben die Mullahs sukzessive ihren politischen und militärischen Einfluss ausgebaut. Gegen den großen Nachbarn im Osten jenseits des Shatt al-Arab geht in Bagdad nichts. In Syrien haben Milizen des Iran Alleinherrscher Assad die Macht gerettet und es ist kaum zu erwarten, dass er in absehbarer Zeit seine Truppen wieder abzieht. Im Libanon finanziert Teheran seit dreißig Jahren die hochgerüstete Hisbollah, der vielleicht gefährlichste weil am besten trainierte Feind Israels. Ein Einflussgebiet also, das vom Jemen über den schiitisch dominierten Irak und Syrien bis an die Mittelmeerküste des Libanon reicht. Iranische Streitkräfte stehen heute in unmittelbarer Nachbarschaft Israels.

### Israel und Iran

Dieser zionistische Staat müsse ausgelöscht und durch einen palästinensischen ersetzt werden, so 1980 Ayatollah Khomeini. Für Mahmut Ahmadinedschad, Präsident von 2005–2013, war das »zionistische Gebilde« ein »Schandfleck, der aus der Mitte der islamischen Welt beseitigt werden muss«. Hass auf Israel und Antisemitismus gehörten zur ideologischen Grundausstattung des Iran – mal lauter, mal weniger laut. Im Libanon baute er die Hisbollah-Miliz für den Kampf gegen Israel auf.
Auch der 2021 ernannte Außenminister des Iran, Hossein Amir-Abdollahian, erklärte, das iranische Regime strebe »die totale Eliminierung des Zionismus« an. Bei der Amtseinführung des

neuen Präsidenten saßen Vertreter der vom Westen als Terrororganisationen eingestuften Organisationen wie Hamas, Islamischer Djihad und der libanesischen Hisbollah prominent in der ersten Reihe, während die Vertreter westlicher Staaten mit den Plätzen dahinter vorliebnehmen mussten.

Auch wenn Frieden und Freundschaft nicht gerade die stärksten Motoren waren für den Abraham-Deal zwischen Israel und den beiden Golfstaaten, so war er doch ein wichtiger Schritt in Richtung Normalität. Außer im Norden ist das Land der Juden nur noch an der Grenze zum Gazastreifen unmittelbar mit einem erklärten Feind konfrontiert. Wirklich friedlich ist das Leben der Israelis aber immer noch nicht.

### Israels Kriege
*Mai 1948-Juli 1949:* Israelischer Unabhängigkeitskrieg. Arabische Staaten erklären nach der Staatsgründung am 14.05.1948 Israel den Krieg. Israel kann die Angriffe abwehren und das heutige Gebiet des Kernlandes erobern. Flucht und Vertreibung der Palästinenser.
*Oktober 1956-März 1957:* Sinai-Krieg. Angriff auf Ägypten durch Truppen Israels, Englands und Frankreichs.
*Juni 1967:* Sechstagekrieg. Präventivangriff Israels auf seine Nachbarn Ägypten, Syrien und Jordanien.
*Juli 1967-Oktober 1970:* Abnutzungskrieg am Suezkanal.
*Oktober 1973:* Jom Kippur Krieg. Arabischer Angriff am jüdischen Feiertag Jom Kippur, um besetztes Gebiet zurückzuerobern.
*März 1978:* Operation Litani. Einmarsch der israelischen Armee in den Libanon nach einer Reihe von Anschlägen.
*Juni-September 1982:* Libanonkrieg gegen die PLO. Besetzung Beiruts. Am 16.9. Massaker im palästinensischen Flüchtlingslager *Sabr und Shatila* durch die christliche *Phalange*-Miliz. Das Lage

war von israelischen Truppen umstellt. Das Morden geschah also mit Wissen und Billigung Israels.
*April 1996:* Krieg gegen die Hisbollah im Libanon.
*Juli-August 2006:* Zweiter Libanonkrieg nach Entführung zweier israelischer Soldaten durch die Hisbollah.
*Kriege zwischen der Hamas und Israel* gibt es fast jedes Jahr: 2008/2009, 2012, 2014 Einmarsch in den Gaza-Streifen.

Wie kaum ein anderes Ereignis prägen diese Kriege das Selbstverständnis der Israelis, bestimmen das Leben in einem Land, das man mit dem Auto von Nord nach Süd locker in acht Stunden durchqueren kann. Das Kernland ist an seiner schmalsten Stelle gerade mal 15 km breit. Soldaten und Soldatinnen mit lässig geschulterten Maschinenpistolen gehören zum Alltagsbild. Die Wehrpflicht ist für nahezu alle eine Selbstverständlichkeit. Fragt man Israelis wie Yael, selber Reserveoffizierin, wie sie mit dieser Kriegsbedrohung umgeht, mit den Terroranschlägen und den immer wieder aufflackernden blutigen Konflikten mit der Hamas, antwortet sie einfach: »Wir haben es lernen müssen.«

Der große, nicht gerade des Militarismus verdächtige, israelische Schriftsteller Amos Oz beschreibt das Dilemma seiner Heimat in seinem 2018 veröffentlichten Vermächtnis *Die letzte Lektion* so:

> »Ich habe mein Leben lang gedacht und denke bis heute, dass das ultimativ Böse in der Welt die Aggression ist. Und der Aggression muss man nicht selten mit Gewalt Einhalt gebieten. Man braucht einen großen Stock, um sie zu stoppen und niederzuzwingen. Die Aggression ist die Mutter aller Gewalt auf der Welt. Deshalb habe ich nie an *Make love not war* und *All you need is love* geglaubt. [...] Hätte der Staat Israel, hätte das jüdische Volk keinen solchen [Stock], wären wir jetzt nicht hier. Entweder lägen wir tot unter der Erde oder wir wären zumindest mit Brachialgewalt von hier vertrieben worden. Wir sind hier, weil wir einen großen Stock haben.«

## Amos Oz

Geboren als Amos Klausner am 4.5.1939 in Jerusalem; gestorben am 28.12.2018; israelischer Schriftsteller, Journalist, Professor für hebräische Literatur an der Ben-Gurion-Universität in Be'er Scheva; Autor von Romanen, Erzählungen, Essays und Kinderbüchern, meistübersetzter israelischer Autor. Amos Oz wurde mit internationalen Auszeichnungen geehrt, darunter der Friedenspreis des Deutschen Buchhandels, Israel-Preis, Goethe-Preis, Prinz-von-Asturien-Preis. Zahlreiche Ehrendoktorwürden.

Ohne die israelische Armee hätte Israel nicht überlebt, so die letzte Botschaft des großen Erzählers. Der härteste Schlag mit diesem Stock war zweifellos der Blitzsieg im Sechstagekrieg im Juni 1967, der aus dem David mit der Schleuder einen Goliath mit schwerem Knüppel machte. Kaum ein Israeli hatte sich im Mai einen solchen Sieg vorstellen können. Im Gegenteil – vor dem 5. Juni 1967 fühlten sie sich den feindlichen Nachbarn wie Ägypten und Syrien eher hilflos ausgeliefert, wie ein David ohne Schleuder. Aus Kairo dröhnte Hasspropaganda, ins Meer werde man den zionistischen Staat werfen, drohte Radio Kairo auf Hebräisch, von der Landkarte werde er verschwinden, verkündete es zum Beispiel am Vorabend des Unabhängigkeitstages, dem 15. Mai. An der israelisch-ägyptischen Grenze auf dem Sinai waren die UNO-Truppen abgezogen, stattdessen hatte der ägyptische Präsident Nasser eigene Truppen aufmarschieren lassen. Jordanien schloss sich einem Militärbündnis Ägyptens und Syriens an. Das kleine Land am Mittelmeer schien eingekreist zu sein. Kein Wunder, dass Panik und Angst die meisten Israelis beherrschten. Besonders die Überlebenden der Shoah fürchteten einen neuen Holocaust, diesmal im eigenen Lande. Der Gräuel der Nazizeit war gerade mal 22 Jahre vorbei. Für die Generäle des Landes stand damals fest: »Wer zuerst schießt, gewinnt diesen Krieg.« Der lange sehr vorsichtig agierende Ministerpräsident Levi Eschkol gab schließlich für den 5. Juni 1967 den Angriffsbefehl.

## Israel – vom Feind zum Freund?

**Der Sechstagekrieg**
*5. Juni:* Frühmorgens greifen israelische Kampfflugzeuge ägyptische Flughäfen an und zerstören nahezu alle ägyptischen Kampfflugzeuge. Bis Mittag sind auch syrische und jordanische Flugplätze zerstört. Israelische Panzerverbände rücken über den Gazastreifen in den Sinai vor. Ägyptische Truppen ziehen sich fluchtartig zurück.
*6. Juni:* Israelische Panzerverbände erobern die Sinai-Halbinsel. Israelische Fallschirmjäger erobern Ostjerusalem.
*7./8. Juni:* Israelische Soldaten besetzen den Tempelberg sowie das Westjordanland und erreichen den Suezkanal.
*9./10. Juni:* Israelische Truppen (Golani) erobern die Golanhöhen und erreichen die syrische Stadt Quneitra. Von hier sind es nur noch 60 km bis Damaskus. USA und UDSSR üben Druck auf die Regierung aus, die am Abend um 18.30 anordnet, das Feuer einzustellen.
Der Krieg hat das Territorium Israels verdreifacht und es damit verantwortlich gemacht für zusätzlich 1,5 Mio. Menschen: Palästinenser im Westjordanland und Gazastreifen, Ägypter auf dem Sinai und Syrer der Golanhöhen.

Auch aus den folgenden Kriegen ging Israel am Ende immer als Sieger hervor, ohne allerdings den Frieden zu gewinnen.

Besonders bei den Palästinensern in den 1967 eroberten Gebieten hat die »Politik des großen Stocks« tiefe Wunden geschlagen. Und auch bei dieser Frage gibt Amos Oz in seinem Vermächtnis einen Rat: »Wunden heilt man nicht mit dem Stock. [...] Nein. Zuallererst verwendet man die Sprache des Heilens. Nicht die Sprache der Unterwerfung.« Diese Sprache des Wundenheilens beginnt damit, so empfiehlt Oz seinen Landsleuten, dass sie den Schmerz »deiner Gegner – ja, deiner Feinde« anerkennen und ihnen, den Palästinensern sagen: »Es tut dir weh. Ich weiß. Auch mir tut es weh. Komm, lass uns gemeinsam einen Weg suchen. [...] Wunden heilt man nicht mit einem Stock.«

Sie klingt vielleicht etwas naiv, diese Empfehlung, die der große Amos Oz seinen Landsleuten als sein persönliches Vermächtnis hinterlassen hat. Seine Wundenheilung erinnert fast ein bisschen an Wunderheilung, denn alle Heilungsversuche sind bislang gescheitert. Doch heute, über 55 Jahre nach dem Sechstagekrieg, taucht der Palästinakonflikt und seine Folgen in den internationalen Schlagzeilen nur noch auf, wenn israelische Soldaten Steinewerfer in der Westbank erschießen, wenn palästinensische Terroristen sich an einer Busstation mitten unter wartenden Israelis in die Luft sprengen, wenn die Hamas Raketen auf Tel Aviv abfeuert und die israelische Luftwaffe erbarmungslos zurückbombt. Beide Seiten vertrauen auch heute noch großen Stöcken mehr als heilenden Worten. Frieden, Aussöhnung, Gemeinsamkeit oder auch nur ein Waffenstillstand – alles nicht in Sicht. In zwei Aufständen, Intifadas genannt, haben die Palästinenser versucht, das Joch der Besatzung abzuschütteln – vergeblich.

> **Erste und zweite Intifada**
> *Die erste Intifada* begann 1987 als sogenannter »Krieg der Steine«. Ihre Hauptwaffe war ziviler Ungehorsam. Es gab auch Terroranschläge. Sie endete 1993 mit den Oslo-Verträgen und der Schaffung der Palästinensischen Autonomiebehörde.
> *Die zweite Intifada* begann im September 2000 nach dem Besuch von Oppositionsführer Ariel Sharon auf dem Tempelberg. Zuvor waren die Camp-David-Gespräche über die Gründung eines palästinensischen Staates gescheitert. 2005 endete die Zweite Intifada nach einer Vereinbarung zwischen PLO-Führer Abbas und Ministerpräsident Sharon. Ihre Kennzeichen waren Terroranschläge und der Gewalteinsatz der israelischen Armee.

Jede israelische Regierung, egal welcher politischen Couleur, hat zur Verstetigung des Konflikts beigetragen, vor allem durch die systematische Besiedlung des Westjordanlands. Inzwischen leben dort mehr als 400.000 Israelis unter den fast 2,8 Millionen Palästinensern. Ein Teil dieser Siedler glaubt, ihr Recht aus der Bibel ableiten zu können, weil, so verkünden sie, Gott »uns dieses Land versprochen hat«. Diese Siedlungsideologen gelten als besonders militant. Andere Israelis haben viel profanere Gründe, in das Westjordanland umzuziehen. Das Leben in solchen Anlagen ist deutlich billiger als im teuren Kernland. Diese rund 200 festungsartig ausgebauten Siedlungen und die ausschließlich Israelis vorbehaltenen Verbindungsstraßen haben aus dem Westjordanland einen Flickenteppich gemacht, der kaum lebensfähig sein wird, sollte es tatsächlich irgendwann einmal selbstständig werden.

Die Vereinten Nationen und der Internationale Strafgerichtshof stufen diese Besatzungs- und Besiedlungspolitik im Westjordanland als völkerrechtswidrig ein. Der UN-Sicherheitsrat forderte Israel schon mehrfach auf, den Siedlungsbau einzustellen – bislang vergeblich. Diese Politik gilt als das größte Hindernis auf dem Weg zu einer Zweistaatenlösung. Einen einzigen großen Versuch gab es in der leidvollen Geschichte dieses Konflikts, diesen gordischen Knoten friedlich zu entwirren. Bekannt ist dieser Versuch unter der Bezeichnung »Oslo-Verträge«, die in der norwegischen Hauptstadt zwischen Vertretern der Israelis und der Palästinenser ausgehandelt und in Washington von Ministerpräsident Jitzchak Rabin und PLO-Chef Yassir Arafat unterschrieben wurden.

**Die Oslo-Verträge**
*»Oslos 1« im September 1993:* Beide Parteien einigen sich auf eine friedliche Koexistenz und gegenseitige Anerkennung – einschließlich des Existenzrechts Israels. Prinzipienerklärung über Selbstverwaltung der Palästinenser im Westjordanland. Offizielle gegenseitige Anerkennung.
*»Oslo 2« im September 1995:* Etappenweiser Rückzug der israelischen Streitkräfte aus den besetzten Gebieten, Einteilung des Westjordanlands in drei Zonen mit unterschiedlichem Grad der Selbstverwaltung. Vorbereitung einer »Zweistaatenlösung« mit dem Ziel eines souveränen palästinensischen Staates. Die *Paläs-*

*tinensische Autonomiebehörde* übernimmt die Regierungsfunktion. Wahlen des palästinensischen Parlaments und des Präsidenten 1996. Yassir Arafat wird Präsident bis zu seinem Tod 2004.

Der Friede schien damit in greifbarer Nähe zu sein. Israels Ministerpräsident Jitzchak Rabin hatte PLO-Chef Yassir Arafat, bis dahin Todfeinde, am 13. September 1993 vor dem Weißen Haus in Washington die Hand gereicht. Im Gegenzug hatte Arafat eine Woche zuvor das Existenzrecht Israels anerkannt. Jitzchak Rabins Friedensformel »Land gegen Frieden« schien aufzugehen.

In den folgenden Monaten handelten beide Seiten Zwischenschritte aus, die zur Autonomie führen sollten. Diese Entwicklung machte die Radikalen auf beiden Seiten immer nervöser. Die islamistische Hamas warf Arafat Verrat an der palästinensischen Sache vor und versuchte mit Selbstmordattentaten die Friedensbereitschaft der Israelis zu untergraben. Die israelischen Siedler fürchteten, eines Tages unter palästinensischer Verwaltung leben zu müssen und hetzten gegen Rabin. Sie zeigten ihn zum Beispiel in SS-Uniform, was als die wohl schlimmste Beleidigung gilt, die man einem Juden antun kann, oder sie beschimpften ihn als einen »Lakaien Arafats«. Bei jüdischen Extremisten fiel diese Hetze auf fruchtbaren Boden. Am 4. November 1995 versetzte ein israelischer Terrorist dem Friedensprozess den vielleicht entscheidenden Schlag. Rund 200.000 begeisterte Teilnehmer hatten sich in Tel Aviv zu einer Friedenskundgebung versammelt. »Ja zum Frieden. Nein zur Gewalt« lautete das Motto. Rabin hatte eben gesprochen und wollte gerade die Bühne verlassen, als sich der Jurastudent Jigal Ami ihm näherte und dreimal auf ihn schoss. Der Friedensnobelpreisträger des Jahres 1994 starb kurze Zeit später in einem Krankenhaus. Für die Gespräche mit den Palästinensern war dies ein Fiasko, genoss doch Rabin als erfolgreicher Verteidiger der israelischen Sicherheit mehr Vertrauen in der Bevölkerung als die meisten anderen israelischen Politiker.

Israel – vom Feind zum Freund?

Im folgenden Wahlkampf besiegten die »Oslo-Gegner« Israels die »Oslo-Anhänger«. Likud-Chef Benjamin Netanjahu gewann die Abstimmung gegen den Kandidaten der Arbeiterpartei, Shimon Peres, äußerst knapp. Zu Netanjahus Wahlsieg beigetragen haben zweifellos die Terroranschläge der Hamas, die wieder das alte Misstrauen zwischen Israelis und Palästinensern anheizten. Außerdem gab die Regierung Netanjahu den Siedlungsbau wieder frei, den Rabin aus Rücksicht auf die Verhandlungen vorübergehend gestoppt hatte. Die Friedensverhandlungen kamen praktisch zum Erliegen.

**Benjamin Netanjahu**
*Erste Amtszeit 1996-1999:* Vorwurf, den Versöhnungsprozess behindert zu haben. Dafür spricht das Aufheben des Baustopps von Siedlungen im Westjordanland. Forcierung des Siedlungsbaus.
*Zweite Amtszeit 2009-2021:* Schwerpunkt waren die Auseinandersetzungen mit dem sich mutmaßlich atomar aufrüstenden Iran, der zügige Ausbau der Siedlungen im Westjordanland und Verhandlungsangebote an die Palästinenser mit für sie kaum annehmbaren Vorbedingungen sowie eine erfolgreiche Wirtschaftspolitik. Gegen Netanjahu und seine Frau ermittelt die Staatsanwaltschaft wegen Korruption.
*Dritte Amtszeit ab Januar 2023:* Nach dem Wahlsieg am 1.11.2022 Koalition u. a. mit rechtsextremen Politikern wie Itamar Ben-Gwir, mehrfach vorbestraft, wegen Unterstützung terroristischer Organisationen und Rassismus. Der neue Innenminister, der Chef der ultraorthodoxen Schas-Partei, Arje Deri, ist mehrfach von Gerichten u. a. wegen Steuerbetrug, Korruption, Amtsmissbrauch und Falschaussagen verurteilt worden – einmal sogar zu einer vierjährigen Gefängnisstrafe. Ende Januar 2023 erklärte das Oberste Gericht des Landes ihn für amtsuntauglich. Daraufhin entließ ihn Netanjahu.

Auch die nun folgenden Versuche zu retten, was noch zu retten war, scheiterten. Weder das in der Nähe von Washington ausgehandelte Abkommen zwischen Netanjahu und Arafat brachte einen Durchbruch, noch führten zwei Jahre später die Camp-David-II-Gespräche zwischen dem inzwischen neu gewählten Ministerpräsidenten Ehud Barak und Yassir Arafat zu einem guten Ergebnis. Mit diesem Fehlschlag scheiterte der Oslo-Prozess endgültig. Wenige Monate später brach die Zweite Intifada aus, die fünf Jahre dauern sollte. Sie war gewalttätiger und blutiger als die erste. Es kam zu Anschlägen und Attentaten palästinischer Terroristen, die Israel mit Scharfschützen und Panzern beantwortete – und zu Tausenden von Toten führte. Fragt man, wer verantwortlich war für diese Entwicklung, dann zeigt jeder auf den anderen. Auch heute noch. Nur darin sind sich Israelis und Palästinenser einig: Mit der Zweiten Intifada endete für beide erst einmal jede Hoffnung auf Frieden. Daran wird vermutlich auch das Abraham-Abkommen nichts ändern, das die Sache der Palästinenser noch nicht einmal auch nur mit einer Silbe erwähnt.

Nahezu klammheimlich hatten sich die Golfstaaten in den letzten Jahren von jenem Lösungsvorschlag verabschiedet, mit dem die Arabische Liga auf ihrer Vollversammlung 2002 in Beirut wieder Schwung in die Verhandlungen bringen wollte. Er sah vor: israelischer Rückzug auf die Grenzen von 1967, im Gegenzug Anerkennung des Existenzrechtes. Die Regierung in Jerusalem lehnte ab. Die »arabischen Brüder« versprachen zwar, die Palästinenser nicht im Stich zu lassen, doch am Ende war ihnen der militärisch starke jüdische Staat am Mittelmeer wichtiger als die notorisch zerstrittenen Politiker in Ramallah (PLO) und Gaza (Hamas, Islamischer Djihad).

### Hamas
Gründung 1987. Lehnt das Existenzrecht Israels ab, will Israel vernichten. Verfügt über Raketen, die sie auf Israel feuert. Wird von Katar unterstützt. Verfeindet mit der PLO. Mehr als 5.000 Kämpfer.

### Islamischer Djihad
Im Gazastreifen, kleiner als die Hamas, aber noch extremistischer. Unterstützt vom Iran mit Geld und Waffen, ca. 1.000 Kämpfer.

### PLO
Palästinensische Befreiungsorganisation, gegründet 1964. Vorsitzender Yassir Arafat seit November 1969 bis zu seinem Tod 2004. Unter ihm Terroranschläge, bewaffneter Kampf gegen Israel bis zum Oslo-Abkommen, danach Präsident der Palästinensischen Autonomiebehörde. Größter außenpolitischer Erfolg Arafats: Anerkennung als »Repräsentant des palästinensischen Volkes« durch die UNO im Jahr 1974.

Die Palästinensische Autonomiebehörde hält auch heute noch eisern an der Zweistaatenfiktion fest, auch wenn kaum jemand in den Straßen des Westjordanlandes noch daran glauben mag. Es reicht schon ein Blick aus den Fenstern der Wohnungen. Auf den Nachbarhügeln gegenüber stehen immer mehr helle Häuser mit roten Dächern, geschützt durch hohe Sicherheitszäune: israelische Siedlungen, streng bewacht von der Armee. Genauso gering ist die Chance, auch nur Teile von Jerusalem zur Hauptstadt eines autonomen Palästinenserstaates zu machen.

### Jerusalem – Glaubensmittelpunkt von drei Weltreligionen
Für Muslime sind die al-Aqsa-Moschee und der Felsendom das dritte Heiligtum nach Mekka und Medina. Für Christen ist die Grabeskirche eines der wichtigsten Heiligtümer. Für Juden ist die Klagemauer als erhaltender Teil des von den Römern 70 n. Chr. zerstörten zweiten Tempels heilig.
Israel erklärte 1950 Jerusalem zur Hauptstadt. Damals nur Westjerusalem. Eroberung des Ostens im Sechstagekrieg. Besiedlung Ostjerusalems. 1980 erklärte die Knesset ganz Jerusalem zur

> Hauptstadt Israels. Die UNO erklärte diese Entscheidung für nichtig; sie ist nur von wenigen Staaten international anerkannt, u. a. 2017 von den USA unter Donald Trump. Trump ließ 2017 auch die US-Botschaft nach Jerusalem verlegen. Ebenfalls 2017 beschloss die UN-Generalversammlung, dass der endgültige Status der Stadt durch Verhandlungen geklärt werden müsse. Die meisten Botschaften, so auch die deutsche, befinden sich in Tel Aviv. Im Westteil Jerusalems wiederholt palästinensische Selbstmordattentate mit Toten.
> Der Tempelberg ist heute einer islamischen Stiftung zur Verwaltung unterstellt (von Jordanien finanzierte Waqf-Behörde); die Klagemauer untersteht israelischer Souveränität.

Zwei Drittel aller Palästinenser haben die Hoffnung auf einen eigenen Staat aufgegeben, so das Ergebnis einer Umfrage, die die *Konrad-Adenauer-Stiftung* (KAS) regelmäßig zusammen mit dem *Palestinian Center for Policy and Survey Research* im Westjordanland durchführt. Hinter dieser nackten Zahl verbirgt sich das Gefühl, von den alten arabischen Verbündeten endgültig im Stich gelassen worden zu sein, zur Seite geschoben aber auch von der EU oder den USA. Nach der Umfrage der KAS sind 86 Prozent der Palästinenser der Meinung, das Abraham-Abkommen nützte allein Israel. Eine überwältigende Mehrheit nennt es sogar Verrat an der palästinensischen Sache.

Palästinensische Intellektuelle gehen selbstkritischer mit diesem Abkommen um. Letztendlich habe es nur sichtbar gemacht, sagen sie, dass sich die arabischen Regierungen nicht mehr wirklich für den schier unlösbaren Nahostkonflikt interessieren. Daran seien die Palästinenser aber zu einem guten Teil selber schuld. Schließlich gilt ihre Führung unter Palästinenserpräsident Mahmud Abbas als korrupt und unfähig, die wichtigsten Probleme der Menschen zu lösen: Elektrizität zum Beispiel gibt es in vielen Gemeinden des Westjordanlandes immer noch nur stundenweise, ausreichendes Wasser steht nicht überall zur Verfügung oder die

Arbeitslosigkeit ist hoch. Kritischen Oppositionellen macht sie das Leben schwer, schreckt auch nicht vor Misshandlungen in den Gefängnissen zurück. Die Medien sind zensiert. Ein demokratischer Staat, von dem Mahmud Abbas gerne spricht, sieht anders aus. Unterstützung genießt diese Palästinenserführung daher nur noch wenig. Zwei Drittel aller Befragten fordern den Rücktritt Abbas, der sich seit 17 Jahren an die Macht klammert, ohne sich in dieser Zeit freien Wahlen gestellt zu haben. Darüber hinaus lähmt der jahrealte, gelegentlich auch blutig ausgetragene Machtkampf zwischen der säkularen Fatah im Westjordanland und der islamistischen Hamas im Gazastreifen die Politik der Palästinensischen Autonomiebehörde. Von der Spaltung profitiert natürlich Israel, das immer darauf verweisen kann, die Palästinenser mögen doch bitte erst einmal Ordnung im eigenen Haus schaffen, ehe man miteinander verhandelt.

Dass die europäischen Staaten und die USA unverdrossen an der Zweistaatenlösung festhalten, ist mehr Ausdruck von Ratlosigkeit denn Glaube an eine mögliche Umsetzung. Das Abraham-Abkommen, dem sich möglicherweise noch Länder wie Kuweit, Katar oder Oman anschließen werden, war ein wichtiger Schritt zum Abbau von Spannungen. Die Palästinenser aber haben eindeutig das Nachsehen. Die Lösung ihres Konflikts ist in noch weitere Ferne gerückt, besonders seit der neue und alte Ministerpräsident Benjamin Netanjahu in seine Regierung rechtsextreme Politiker aufgenommen hat, die ohne Rücksicht auf die Palästinenser den Siedlungsbau forcieren wollen. So sollen die von den Behörden nicht erlaubten, daher nach israelischem Recht illegalen Siedlungen innerhalb kurzer Zeit legalisiert werden. Auch in Hebron soll die Siedlung ausgebaut werden. Die Armee warnte schon Anfang Januar 2023 vor neuer Gewalt im Westjordanland. Und tatsächlich häuften sich die Anschläge palästinensischer Terroristen gegen Israelis im gleichen Monat. Die Armee schlug jedes Mal hart zurück. Es gab Tote auf beiden Seiten. Die Spirale der Gewalt scheint wieder Fahrt aufzunehmen.

## Israel – vom Feind zum Freund?

Noch einen gefährlichen Kurs scheint der neue Ministerpräsident einschlagen zu wollen. Das Land, das sich gerne und bislang zurecht als einzige stabile Demokratie im Nahen Osten feiert, droht genau diesen Ruf zu verspielen. Das neue Kabinett hat wenige Wochen nach seiner Vereidigung eine Justizreform eingeleitet, die dem Obersten Gerichtshof Fesseln anlegen soll. Die Regierung Netanjahus will durchsetzen, dass das Parlament Entscheidungen der obersten Richter für ungültig erklären kann. Damit wäre die für eine Demokratie so entscheidende Gewaltenteilung zwischen Politik und Justiz, die Machtmissbrauch vorbeugen soll, so gut wie aufgehoben. Gegen diese Pläne protestieren regelmäßig hunderttausende Israelis.

Israel also auf dem Weg vom Feind zum Freund der arabischen Regime? Soweit ist es wohl noch lange nicht. Politiker können bekanntlich schnell einen Schalter umlegen und lang gepflegte Antipathie beiseiteschieben, um aus einem Erzfeind zumindest einen Partner zu machen. Ganz anders sieht es bei den arabischen Bürgern aus. Bei vielen sitzt der von ihren Regierungen über Jahrzehnte gepredigte Argwohn und Hass gegenüber dem jüdischen Staat noch tief – zumal die Nachrichten aus den besetzten Palästinensergebieten diese Feindseligkeit eher bestätigen als widerlegen. Aber ausgeschlossen ist ein solcher Weg auch nicht, meint Yael Grafy. Eine wichtige Voraussetzung für einen Brückenschlag zwischen Israelis und Arabern sei, »dass die Menschen mehr übereinander erfahren. Mir sind in Dubai Israelis begegnet, die keine Ahnung vom Islam hatten. Nur wenn wir mehr über den anderen wissen, kommen wir besser miteinander aus.« Das scheint auch das Bildungsministerium der Vereinigten Arabischen Emirate so zu sehen. Im Januar 2023 kündigte es jedenfalls an, die Lehrpläne der Grund- und Sekundarstufe zu überarbeiten, um die Geschichte des Holocaust als reguläres Unterrichtsthema aufzunehmen. Kommt es so weit, wäre das – nach aktuellem Stand – ein einmaliger Schritt in der arabischen Welt.

# Die Erdölstaaten – reich und repressiv

Schimpfende Taxifahrer im Nahen Osten – daran gewöhnt man sich mit der Zeit. Gründe zur Unzufriedenheit gibt es reichlich für solche Chauffeure: ewige Staus, benzingeschwängerte Luft, schlechte Bezahlung oder mit Trinkgeld geizende Kunden. Doch diesen Fahrer, der mich in Katars Hauptstadt Doha vom Hotel zum Flughafen bringen sollte, hatte eine besondere Geschichte so wütend gemacht. Kurz bevor ich eingestiegen war, hatte der SUV eines Kataris sein Taxi gestreift, die linken Rücklichter zertrümmert und den Kotflügel aufgerissen. »Dieser Feigling ist einfach weitergefahren«, fluchte er: »Den Schaden muss ich nun selber bezahlen.«

Und schon sind wir mittendrin in einer der dunkelsten Kapitel dieser superreichen Öl- und Erdgasstaaten am Persischen Golf: das Kafala-System, das ausländische Arbeitnehmer nahezu rechtlos macht, fast zu Sklaven ihrer Dienstherren. Der Boss meines aus Südindien stammenden Taxifahrers, so erzählte er, hatte in seinem Arbeitsvertrag festgelegt, seine Fahrer müssen für Benzin und alle Schäden am Auto aufkommen, egal wie sie entstanden sind. Warum er nicht kündigt und zu einem anderen Arbeitgeber gehe, will ich wissen. Dass die Frage ziemlich naiv ist, bekomme ich gleich zu hören: »Das darf ich nicht. Sie sind wohl zum ersten Mal hier. Meine Aufenthaltsbewilligung verbietet mir, den Arbeitgeber zu wechseln.« Den Reisepass müssen die aus Bangladesch, Pakistan oder anderen asiatischen Ländern Stammenden auch abgeben, können also noch nicht einmal ohne Genehmigung ihres Chefs reisen. Letztlich sind Arbeitnehmer wie mein Taxifahrer in Doha ihren katarischen Dienstherren restlos ausgeliefert, praktisch deren Eigentum. Kein Wunder, dass er weiter lauthals Dampf ablassen muss. Dann gibt er Gas und transportiert mich aus der Glitzermetropole zum ebenso protzenden Flughafen aus Glas und Edelstahl.

Dieses an Sklavenhaltung erinnernde Arbeitssystem wird in allen Ländern am Persischen Golf praktiziert. Schuften müssen die

Emigranten auf den schmutzigsten Arbeitsplätzen, auf dem Bau, in den Häfen oder in den Knochenjobs der Ölindustrie, nicht selten bei 50 Grad im Schatten – und das so gut wie immer zu einem Hungerlohn. Die Mädchen und Frauen verdingen sich als Hausangestellte, von den Hausherren oft genug sexuell missbraucht. Ihre Behausungen sind meist erbärmliche Massenquartiere, für die sie auch noch Miete zahlen müssen. Kein saudischer, katarischer oder emiratischer Jugendlicher wäre bereit, unter diesen Bedingungen auch nur einen Finger krumm zu machen. Außerdem sind diese Quasi-Leibeigene dem Auf und Ab der Ölkonjunkturen schutzlos ausgesetzt. Muss gespart werden, weil der Fasspreis für das schwarze Gold sinkt, dann werden sie als erstes auf die Straße gesetzt, um bei steigenden Einnahmen wieder angeheuert zu werden. Da sie aus Ländern kommen, in denen sie noch weniger verdienen, sind sie gezwungen, sich diesem System auszuliefern, müssen also hinnehmen, dass sie für die Regierungen am Golf nicht viel mehr sind als eine wirtschaftspolitische Manövriermaße, deren Ausbeutung neben dem Erdöl entscheidend zum Wohlstand dieser Länder und ihrer Menschen beiträgt.

**Anteil der Staatseinnahmen aus Öl- und Gasexporten an Gesamtexporten**
Kuwait: 82 %
Saudi-Arabien: 68 %
Vereinigte Arabische Emirate: 30 %
Katar: 80 %
Bahrain: 80 %

Die Golfstaaten sind also bis auf die Vereinigten Arabischen Emirate nach wie vor extrem abhängig von Erdöl und -gas, die sie zwar reich gemacht haben, gleichzeitig aber auch träge und bequem. Ohne die ausländischen Arbeitskräfte würden in keinem der Länder am Persischen Golf die teuren Glaspaläste hochgezogen und sechsspurige Schnellstraßen gebaut werden. Auch wäre in Katar kein einziges Fußballstadion zur Weltmeisterschaft im November und Dezember 2022 fertig gewesen. Allein in Saudi-Arabien leben ungefähr zehn Millionen Arbeitskräfte aus dem Ausland, was etwa einem Drittel der Gesamtbevölkerung entspricht. In kleinen Ländern wie Katar oder Bahrain sind es sogar bis zu 90 Prozent.

Bislang haben Öl, Gas und asiatische Arbeiter den Golfarabern ein komfortables Leben beschert. Gemessen am Bruttoinlandsprodukt pro Kopf (24.300 US-Dollar) sind die Saudis nicht ganz so wohlhabend wie ihre Nachbarn in Katar (61.000 Dollar) oder in den Vereinigten Arabischen Emiraten (40.300 Dollar). Aber Sorgen über die Saudis am Ende dieser Einkommensskala am Golf muss man sich nicht wirklich machen. Keiner der Golfaraber bezahlt Einkommensteuern, noch muss er teure Versicherungen finanzieren, auch Gebühren für Schulen und Universitäten gibt es nicht. Eigentumswohnungen sind vom Staat hoch subventioniert. Diese schier grenzenlosen Privilegien sind der Kitt, der die Gesellschaften am Golf zusammenhält.

Ein Wanderarbeiter aus Asien dagegen bekommt gerade mal um die 200 Dollar im Monat. Alle Extras wie Miete oder Arztkosten muss er berappen. Länder wie Katar oder Saudi-Arabien haben zwar eine Reform dieses Systems angekündigt. So rühmt sich der WM-Ausrichter, einen Mindestlohn von 275 Euro pro Monat eingeführt zu haben. *Amnesty International* und *Human Rights Watch* sehen darin aber keine grundlegende Verbesserung. Laut der britischen Zeitung *The Guardian* sollen beim Bau der WM-Anlagen über 6.500 Arbeiter ums Leben gekommen sein. Ob diese Horrorzahl stimmt, lässt sich nur schwer überprüfen. Andere Organisationen wie die Internationale Arbeitsorganisation (ILO) nennen deutlich niedrigere. Aber, so der Titel des ILO-Berichts von 2021, »one is too many«.

Saudi-Arabien ist das größte Land dieser Ölmonarchien. Sein Aufstieg vom bettelarmen Beduinenstaat zu einer der reichsten Nationen der Welt begann 1945, als die USA massiv in die saudische Ölindustrie investierten. Bis dahin hatte sich kaum einer wirklich für diese Wüstenregion interessiert. Der osmanische Sultan vielleicht wegen Mekka und Medina, der Heiligsten Stätten des Islam. Die Engländer sicherten mit Militärstützpunkten entlang der Küsten der Halbinsel die Handelswege nach Indien. Erst die Amerikaner entdeckten den Schatz unter dem Wüstensand, als ihre Prospektoren kurz vor dem Zweiten Weltkrieg hier zum ersten Mal auf den Treibstoff der Zukunft stießen, auf Erdöl. Im Februar 1945 traf sich der Stammvater des saudischen Herrscherhauses, Abd al-Aziz Ibn Saud, auf dem amerikanischen Kriegsschiff *USS Quincy* mit dem amerikanischen Präsidenten Theodor Roosevelt. Das wichtigste Ergebnis dieses Treffens war ein Pakt, der die nächsten Jahrzehnte überdauern sollte. Er funktioniert nach der einfachen Formel: der Wahhabiten-Staat Saudi-Arabien liefert Öl, die Demokratie USA dafür Sicherheit, stellt aber den saudischen Gottesstaat nicht in Frage.

**Wahhabismus**
Abd al-Wahhab (1703-1791) war der Gründer der im 18. Jahrhundert entstandene islamischen Bewegung. Die Vorschriften des Koran müssen wörtlich befolgt werden. Rabiate Durchsetzung dieser Regeln. Der Wahhabismus lehnt Heiligenverehrung und Grabkulte ab, Schiiten und andere Islam-Varianten gelten als Ungläubige. Der Stamm der Saudis verbündete sich mit diesen Klerikern. Er übernahm in diesem Bündnis die weltliche Regierungsgewalt und garantiert den wahhabitischen Prediger unumschränkte religiöse Macht über die Untertan, solange sie die Politik der Saudis religiös legitimieren. Im 20. Jahrhundert gelang es ihnen, fast die gesamte Arabische Halbinsel zu unterwerfen. In ihrem Herrschaftsbereich gilt strikte *Sharia*-Gesetzgebung.

Der immense Ölreichtum hat aus dem Wüstenreich in wenigen Jahrzehnten einen sogenannten Rentierstaat gemacht, einen Staat also, der sich ausschließlich über die Ausbeutung seiner Bodenschätze finanziert und den Menschen ein unkompliziertes Leben garantiert: geruhsame Staatsjobs mit hohem Gehalt und kurzen Arbeitszeiten, bis vor kurzem keinerlei Steuern und auch sonst Rundumversorgung. Die wirkliche Arbeit, sprich die Drecksarbeit, machten ja schließlich die Ausländer aus Asien.

Der Preis dieser Abhängigkeit vom Staat ist hoch, setzt kritikloses Wohlverhalten gegenüber König und Klerus voraus. Nur wer ohne Widerspruch akzeptiert, was die saudischen Prinzen und Prediger von ihren Untertanen verlangen, kann sich der staatlichen Boni sicher sein. Ein gutes Beispiel ist der Komödienschreiber und Schauspieler Abdel Azis Hamad, den ich vor etlichen Jahren ein paar Tage lang mit der Kamera begleiten konnte. Er lebte mit seiner Ehefrau und zwei Söhnen in einer Villa am Rande Riads, vor der Haustür zwei große SUVs aus den USA. Im Garten unablässig sprudelnde Springbrunnen, trotz der Wasserknappheit, die Räume seiner Villa auf einen gefühlten Gefrierpunkt runtergekühlt. Die Klimaanlagen liefen ununterbrochen. Freimütig gab er damals zu, dass er, wolle er seinen Wohlstand nicht gefährden, sich eisern an drei Regeln halten müsse: nicht über Politik schreiben, nicht über Religion schreiben – und verlangt die Zensurbehörde Änderungen an seinem Text, müsse er das einfach schlucken. Ohne Kommentar, Widerrede schon gar nicht. »Ich bin nie ärgerlich. Ich akzeptiere, wenn sie mir sagen: ›Das darfst Du aber nicht schreiben‹. Ich habe damit keine Schwierigkeiten; denn sie sind die Experten und wissen, was gut und was schlecht ist.« Und auf meine Frage, ob er dem Königshaus dankbar sei, antwortete er: Ja, das sei er, sogar sehr dankbar: »Sie haben mir alles gegeben. Sie haben das Haus bezahlt, ich war auf ihre Kosten im Ausland. Zuerst bin ich Gott dankbar, dann der Königsfamilie.«

Diese eilig nachgeschobene Bemerkung »erst Gott, dann der König« ist typisch für die Menschen in Ländern wie Saudi-Arabien, denn Gott und der Islam stehen über allem, selbst über dem Königshaus. Jede Vorschrift und alle Gesetze leiten sich aus dem Koran und der Sharia ab. Vom Rendezvous-Verbot für Jungen und Mädchen, den unerbittlichen Vorschriften für Frauen, die erst seit 2018 Autofahren dürfen, bis hin zu schweren Körperstrafen und

Hinrichtungen mit dem Schwert. So wurde 2013 der Internetaktivist und Oppositionelle Raif Badawi von einem Gericht zu zehn Jahren Haft und 1.000 Stockhieben verurteilt, weil er angeblich den Islam beleidigt habe. Auch den Richtern muss klar gewesen sein, dass ein Mensch eine solche bestialische Prügelstrafe nicht überleben kann. Als Badawi nach den ersten 50 Stockhieben zusammenbrach, stoppte der Gefängnisarzt die Vollstreckung. Aber nur vorübergehend. Während der anschließenden neun Jahre im Gefängnis drohte ihm jederzeit neuerliche Auspeitschung. Im Februar 2022 entließen ihn schließlich die Behörden aus dem Gefängnis, belegten ihn aber für weitere zehn Jahre mit einem Ausreiseverbot. Seine in Kanada lebende Familie kann er daher nicht besuchen. Er ist bei weitem nicht das einzige Opfer saudischer Justizwillkür.

Über die Einhaltung dieser Gesetze im Alltag wachte bis vor wenigen Jahren die einst allmächtige Religionspolizei. Heute ist sie zwar nach wie vor in der saudischen Öffentlichkeit unterwegs, darf aber nur noch in einigen wenigen Fällen unmittelbar eingreifen. Diese bis 2012 mit amtlicher Vollmacht und langen Stöcken bewaffneten Koranbüttel kontrollierten islamkonformes Verhalten. Kommen sich Unverheiratete unzulässig nahe? Halten die Frauen die strengen Kleidungsvorschriften ein? Schließen Geschäfte zu den Gebetszeiten? Entdeckten sie Verstöße, hatten sie das Recht, an Ort und Stelle rabiat abzustrafen, mit ihren Stöcken Frauen zu schlagen, angeblich unislamische Produkte zu beschlagnahmen – dazu gehören zum Beispiel auch Barbie-Puppen. Mit ihrem »freizügigen Kleidungsstil und der anstößigen Körperhaltung« sei die Puppe eine Demonstration westlicher Dekadenz, ließ die Religionsbehörde 2003 verkünden. Ihre Polizisten durchsuchten Geschäfte, beschlagnahmten sämtliche Barbies und Kens, die sie finden konnten und bestraften die Geschäftsbesitzer. Seitdem ist dieses amerikanische Paar aus dem Wüstenstaat verbannt. Kuwait hatte schon 1994 den Verkauf untersagt, weil er angeblichen der sexuellen Entwicklung der Kinder schade.

Männer konnten diese Moralwächter auf der Stelle verhaften, es reichte schon, wenn sie sich mit Frauen unterhielten, mit denen sie nicht verheiratet waren. Und dass ihnen religiöse Vorschriften wichtiger waren als Menschen, zeigt folgender Vorfall. Als 2002 eine Mädchenschule brannte, hinderten diese Tugendwächter die Schülerinnen an der Flucht aus dem brennenden Gebäude, weil sie sich in der Eile nicht vorschriftsmäßig hatten verhüllen können. Die Feuerwehrmänner hätten sie ja sehen können, begründete diese Leibgarde des Wahhabismus später ihre Entscheidung – 15 Mädchen verbrannten. Dieser Vorfall war Anlass für die damalige Regierung, Schritt für Schritt endlich die mittelalterliche Machtfülle dieser Glaubenszeloten einzuschränken.

> **Menschenrechte in Saudi-Arabien**
> Opposition verboten, ebenso jede Form von Protesten. Kritik am Königshaus wird oft mit Terrorismus gleichgesetzt. Pressezensur, willkürliche Verhaftungen, Prügel- und Todesstrafe mit öffentlichen Hinrichtungen sind an der Tagesordnung. 2022 wurde Salma al-Shihab zu 34 Jahren Gefängnis verurteilt. Sie hatte sich auf Twitter für politisch Verfolgte eingesetzt. Eine andere Aktivistin wurde zu 45 Jahren Gefängnis verurteilt. Folter und Misshandlungen in Gefängnissen, Berichte über Vergewaltigungen, Schikanen gegen schiitische Minderheit.

Das Jahr 1979 leitete eine Wende in den Golfstaaten ein. Im Iran verlor der Schah seinen Pfauenthron, Ajatollah Khomeini riss die Macht an sich und schuf eine von schiitischen Religionsgelehrten regierte Diktatur. Er drohte seine Revolution in die arabischen Länder zu exportieren. Im gleichen Jahr marschierte die UdSSR in Afghanistan ein und löste damit einen lang andauernden Bürgerkrieg aus zwischen Roter Armee und den anfangs auch vom Westen unterstützten Kämpfern, die in der islamischen Welt zum Djihad aufriefen, zum Heiligen Krieg gegen ungläubige Invasoren. Für Extremisten aus Saudi-Arabien fast so etwas wie eine Erlösung – endlich ein Heiliger Krieg, endlich konnten sie sich als Glaubensmärtyrer aufopfern. Das Paradies wartet. Tausende schlossen sich den Mudschahiddin in Afghanistan an. Ihren eigenen König und dessen Prinzen verachteten sie als Glaubensverräter, als verwestlichte und korrupte Lakaien der USA. Orgien würden sie feiern, der Alkohol flösse in Strömen. Ob auch Neid den wahhabitischen Zorn dieser Zeloten aufgeheizt hatte – nicht auszuschließen. Der Druck im saudischen Kessel stieg aber immer weiter.

Am 20. November 1979 war es so weit. Ein Aufstand gegen das Königshaus brach los. Sunnitische Fanatiker stürmten die Große Moschee in Mekka und nahmen tausende Gläubige als Geiseln. Ihr Ziel war es, die Ketzer aus den Palästen zu vertreiben. Ein echter Gottesstaat sollte Saudi-Arabien werden. Zwei Wochen dauerte es, ehe das Militär die Moschee zurückerobern konnte, nicht ohne Hilfe aus dem Westen. Eine französische Anti-Terroreinheit unterstützte die saudischen Sicherheitskräfte. Bewaffnete Ungläubige auf heiligem Boden! Schande und Schmach auch für gemäßigte Saudis, eine posthume Bestätigung der Terroristen, die ja verkündet hatten, der saudische König könne sich nur dank der Unterstützung des Westens auf seinem Thron halten.

Diese Bombenexplosionen in Mekka waren so etwas wie der Urknall des islamistischen Terrorismus. Doch statt die Extremisten in die Schranken zu verweisen, gab der Hüter der Heiligen Stätte von Mekka und Medina, König Chalid ibn Abd al-Aziz, den ultrakonservativen Religionsgelehrten und Predigern nach. Sie bekamen mehr Macht im Staat. Außerdem finanzierte er mit vielen Milliarden Dollar den Export des rückwärtsgewandten Islam saudischer Prägung, schickte Prediger in alle Welt, ließ Koranschulen und Moscheen bauen, in denen der Wahhabismus gelehrt und gepredigt werden musste. In Afghanistan subventionierte die saudische Regierung den Widerstand der Mudschahiddin gegen die Rote Armee.

Selbst den Terror der Taliban gegen die eigene Bevölkerung förderte das Königreich, indem es das 1996 gegründete Islamische Emirat Afghanistan als eigenen Staat anerkannte und für volle Staatskassen sorgte. Dass Osama bin Laden unter dem Schutz der Terror-Taliban seine Al-Qaida-Organisation aufbaute, störte in

Riyad offensichtlich nicht weiter. Nur noch Pakistan und die Vereinigten Arabischen Emirate nahmen mit diesem Gottesstaat in Eigenbauweise diplomatische Beziehungen auf.

Tatsächlich haben die ewiggestrigen Prediger am Golf ihren Kampf gegen die Moderne inzwischen so gut wie verloren. Immer mehr arabische Jugendliche wenden sich von den Moscheen ab. Nur noch ein gutes Drittel gibt laut einer Umfrage des *Arab Youth Survey* in Saudi-Arabien an, Religion sei bestimmend für ihr Leben. In den Vereinigten Arabischen Emiraten sind es sogar nur ganze 16 Prozent. Fast zwei Drittel fordern dagegen am einst so orthodoxen Golf, Religionsinstitutionen müssten reformiert werden.

Kein Wunder also, dass sich arabische Jugendliche freitags lieber in Shoppingmalls treffen, um Musik zu hören und Kaffee zu trinken als in den Moscheen moralinsaure Predigten über sich ergehen zu lassen. Auch unter der Woche beten die wenigsten der jungen Leute. Allerdings sollte man nicht erwarten, dass die golfarabische Welt immer säkularer wird. Die Jungen wollen in erster Linie die Fesseln abschütteln, die ihnen die Prediger und Imame angelegt haben. Glaube spielt nach wie vor eine nicht unwichtige Rolle für sie. Die große Mehrheit besteht aber darauf, dass Religion Privatsache ist.

**Frauenrechte in Saudi-Arabien**
Erlaubnis zu studieren seit Sechzigerjahren, Arbeit in Gesundheits- und Sozialberufen. In der Öffentlichkeit besteht die Pflicht, sich zu verschleiern, auch für Ausländerinnen. Reiseverbot ohne Vormund, ebenso kein Geschäftsabschluss, Aufhebung des Autofahrverbots 2018, Abschwächung der Vormundschaftsgesetze 2019, aktives und passives Frauenwahlrecht bei Regional- und Kommunalwahlen seit 2015. Aufhebung der Geschlechtertrennung im öffentlichen Raum. »Vision 30« will Frauenanteil im Erwerbsleben auf 30 % erhöhen. Polygamie nach wie vor erlaubt mit bis zu vier Frauen.

Wer wissen will, wie sich die *Jeunesse dorée* in Doha, Dubai oder Dhahran die Zukunft vorstellt, sollte ihre Selbstdarstellung auf dem Instagram-Kanal *RichKidsofSaudi* anschauen: Ferraris und andere Luxuskarossen; Frauen ohne Schleier, dafür mit Diamantendiademen im Haar; Männerprotz und Frauenposing. Offensichtlich steht all das für ihre Moderne. Lieber Prunk und Pomp als Mitdenken und Mitsprache. Hauptsache der Riyal rollt. Zumindest einem Teil scheinen Statussymbole das Wichtigste zu sein.

Zu denen, die sich über solch unpolitische Untertanen am meisten freuen, gehört zweifellos der mächtigste Mann Saudi-Arabiens: der autoritäre Kronprinz Mohammed bin Salman (MBS). Er ist eine mehr als schillernde Figur in der Politik am Golf: skrupellos gegen seine Widersacher, tyrannisch und mutmaßlich ein kaltblütiger Mörder. Aber auch der ebenfalls lange Zeit allgewaltige Kronprinz der Emirate, Mohammed bin Zayid (MBZ), – inzwischen Präsident – dürfte nicht gerade unglücklich sein über das politische Desinteresse seiner Untertanen am Persischen Golf. Anders als beim großen Nachbarn stehen Frauen die meisten Berufe offen. Selbst zu Kampfpilotinnen können sie sich ausbilden lassen.

### Die Kronprinzen der Arabischen Halbinsel
*Mohammed bin Salman (MBS)*, geboren 1985, 2015 von seinem Vater, König Salman, zum Verteidigungsminister ernannt; als eine der ersten Amtshandlungen Beginn des Krieges gegen die Huthis im Jemen. Mutmaßlicher Auftraggeber des Mordes an dem saudischen Journalisten Jamal Kashoggi im saudischen Konsulat in Istanbul. Einige der mutmaßlichen Täter stammen aus dem unmittelbaren Umfeld von MBS. Als Kronprinz mächtigster Mann in Saudi-Arabien. Seit September 2022 auch Ministerpräsident.
*Mohammed bin Zayid (MBZ)*, geboren 1961, Sohn des ersten Präsidenten der Vereinigten Arabischen Emirate, 2004 zum Kronprinzen ernannt, 2014 Schlaganfall seines Halbbruders und Präsidenten der VAE, seitdem De-facto-Regent. Sein Ziel ist es, die VAE vom Erdöl unabhängig zu machen. Mai 2022 Tod des Halb-

> bruders, er wird Präsident. Bildungsoffensiven, Öffnung der wichtigsten Berufe für Frauen. Herrscht autoritär, öffnete Wirtschaft und Militär für Frauen.

Jahrzehntelang pumpten fast alle Golfstaaten ihren Reichtum und Wohlstand aus dem Boden, ohne große Probleme und ohne übermäßige Kosten. Doch spätestens seit Anfang des neuen Jahrtausends wissen die Herrscher am Golf, dass auch ihre Ressourcen begrenzt sind. Die Ölvorräte sind in einigen der Länder bald erschöpft, außerdem planen weltweit immer mehr Wirtschaftspolitiker, von der klimaschädlichen fossilen Energie auf erneuerbare umzustellen. Für die Golfstaaten hieß das: weg vom Öl, Diversifizierung der Wirtschaft, mehr Handel und Dienstleistungen, außerdem mehr Industrie ohne Ölgeruch. Dieser Wandel ist ein Kraftakt. Gelingt er nicht, ist mehr als nur der Wohlstand am Golf in Gefahr, gefährdet ist auch die Stabilität dieser Länder.

Der mächtigste Mann der Emirate, Mohammed bin Zayid, stellte sich an die Spitze der Bewegung und verkündete als Kronprinz schon 2008 seine *Vision 2030*. Bis 2030 will er die Wirtschaft des Landes weitestgehend unabhängig vom Öl machen, sie auf neue Produktionsbereiche umstellen und die nahezu kostenlose Rundumversorgung der Emiratis reduzieren. Nur noch rund 36 Prozent der nationalen Einnahmen sollen 2030 durch Petroleum erwirtschaftet werden. 2008 waren es noch 60 Prozent. Heute, 15 Jahre später, könnte man dem starken Mann der Emirate gratulieren, wenn er nicht so abschreckend autoritär regiere. Immerhin, es ist ihm ein Riesenschritt gelungen. Nicht erst 2030, sondern schon 2021 dominiert das Öl nicht mehr die Wirtschaft der Emirate. Zwei Drittel des Bruttoinlandsproduktes stammen inzwischen aus Industrie, Handel und Dienstleistung wie Aluminiumproduktion und Tourismus. Mineralöl trägt nur noch mit einem Drittel zum Wohlstand des Landes bei.

Zehn Jahre nach Mohammed bin Zayid folgte Mohammed bin Salman. 2018 verkündete er als Zukunftsmusik für Saudi-Arabien seine *Vision 2030*. Auch sein Ziel: die Abhängigkeit von Erdöl und Erdgas verringern. So soll deren Anteil am Bruttoinlandsprodukt Saudi-Arabiens bis zum Jahr 2030 auf gerade mal 11 Prozent gesenkt werden. Alle übrigen Wirtschaftszweige Saudi-Arabiens sollen bis dahin international wettbewerbsfähig gemacht werden. Davon ist das Land aber weit entfernt.

Fünf Jahre später ist es zweifellos noch zu früh für eine Bilanz. Doch ein wirklich gutes Zwischenzeugnis kann man dem saudischen Kronprinzen nicht ausstellen. Steuern führte er nur zögerlich ein, er fürchtete wohl Proteste seiner Untertanen. Die saudische Wirtschaft zu diversifizieren und damit zukunftsfest zu machen, ist ihm bislang auch noch nicht gelungen. Die saudische Bevölkerung wächst dagegen rasant weiter. Heute schon sind über 70 Prozent der Saudis unter 30 Jahre alt, ohne dass es genügend Arbeitsplätze für sie gibt. Das Einzige, was wächst, ist daher die Arbeitslosigkeit unter den Jugendlichen. Bis zu 30 Prozent beträgt sie heute. Eine Folge: Auch die Armut steigt im Land der Ölmillionäre. Mindestens 10 Prozent der Bewohner des Landes sollen weniger als 533 Dollar im Monat verdienen.

Die in der Erdöl-Bonanza hochgezogenen Glaspaläste des Königsreiches zeigen also deutliche Risse. Und es wird immer wahrscheinlicher, dass sich die Söhne den Luxus, den ihre Väter so selbstverständlich genossen haben, nicht mehr lange leisten können. Dem Staat fällt es immer schwerer, allen Saudis den Wohlstand von einst zu finanzieren. Allein im Norden der Hauptstadt Riad leben mehr als 1.500 Familien in Armut. Das sind fast 10.000 Menschen, immerhin betreut von einer religiösen Stiftung mit dem Namen *Al Dawa*, übersetzt »Die Mission«. Wer in diesem Viertel wohnt, hat von dem Ölreichtum des Landes so gut wie nichts abbekommen. Die Lehmbauten stammen aus der Zeit vor dem Ölboom der Siebzigerjahre und gilt für viele im Königtech der verspiegelten Glasfassaden als eine Schande, die besser versteckt werden sollte. Armut hat, wenn überhaupt, im Verborgenen stattzufinden.

»Dawa«-Leiter Scheich Abdlsalam Suleiman saß bei unserem Besuch an seinem ausladenden, dunkel glänzenden Schreibtisch, hinter ihm das von ihm verwaltete Elend, eine Wand aus lauter Aktenordner mit roten, blauen und dunkelbraunen Rücken. Jeder Ordner ein Fall, jede Farbe ein Schicksal. Blau für Geschiedene, dunkelbraun für kinderreiche Familien und Rot für Armut. Die Farbe Rot hat zugenommen in den letzten Jahren, erzählt uns der »Dawa«-Scheich: »Wir machen Studien. Unsere Experten untersuchen jeden Fall und suchen nach Lösungsmöglichkeiten. Die Anzahl der Scheidungen hat zugenommen und damit auch die Armut unter Frauen.« Um die erste Not zu lindern, können Bedürftige bei ihm direkt in der Moschee Sozialhilfe abholen – Frauen wie Männer. Viel bekommen Witwen und von ihren Ehemännern verlassene Frauen nicht gerade, mit ganzen 100 Euro im Monat sollen sie und ihre Kinder auskommen. Und auch diese klägliche Unterstützung wird erst nach strenger Prüfung ausbezahlt. Bei Männern sei man etwas großzügiger, räumt der Sozial-Scheich ein, obwohl Kinder eher bei den alleinerziehenden Müttern als bei den Vätern leben. Die Armen selber sprechen nur ungern über ihr Schicksal, auch wenn die Scheichs immer wieder predigen: »Das ist nicht eure Schuld. Armut ist Gottes Wille genauso wie Reichtum.« Schwer vorzustellen, dass solche Rechtfertigungen die Frauen auf Dauer wirklich trösten.

Besuch in der Kleiderkammer der Stiftung *Al Dawa*: Frauen drängen sich an der Ausgabe, um wenigstens ein paar der gebrauchten, aber sauber in Plastiktüten verpackten Kleider abzubekommen. Werden sie von ihrem Ehemann verstoßen, dann sind sie auf die Hilfsbereitschaft ihrer Familie angewiesen. Geizt diese oder hat selber nichts, ist die Moschee die letzte Rettung. Scheidungen haben zugenommen, das Fundament der saudischen Gesellschaft, die Familie, scheint brüchig zu werden.

Auch die armseligen Lehmhütten rund um die Moschee verwaltet die Stiftung, vermietet sie für einen Bruchteil der Mieten, die Familien auf dem freien Markt zahlen müssen, aber nicht ohne Hintergedanken. Von den Kindern der Mieter wird erwartet, dass sie regelmäßig den Koranunterricht der Stiftung besuchen. Fehlen sie häufiger, kann die Familie aus der Wohnung gewiesen werden, erzählt man uns.

Noch kann der Staat den sozialen Abstieg einiger seiner Bürger abfedern, noch kann er versuchen ihnen einzureden: »Nimm's nicht so schwer. Armut ist halt Gottes Wille, genauso wie Reichtum.« Aber auch der gläubigste Saudi wird sich eines Tages fragen, warum dieser Gott diese gewaltigen Unterschiede zwischen Elend und Luxus überhaupt zulässt. Ähnliche Entwicklungen deuten sich inzwischen auch in den Emiraten und in Bahrain an. Eine gelungene Zeitenwende sieht anders aus. Schafft es Mohammed bin Salman nicht, genügend Jobs zu realisieren, dann steht neben seiner politischen Karriere auch die Stabilität des ganzen Landes auf dem Spiel.

Und Katar, der Ausrichter der Fußball-WM 2022? Von Verarmung ist auf dieser Insel niemand bedroht, vorausgesetzt er besitzt einen Pass des Landes. Damit gehört er zu den wohlhabenden, wenn nicht gar superreichen Kataris. Alle anderen – und das sind 90 Prozent der Bevölkerung – leben nicht allzu weit vom Existenzminimum entfernt, zum Beispiel Arbeitsmigranten wie der Taxifahrer aus Indien, der mich seinerzeit schimpfend zum Flughafen gefahren hatte.

**Katar**
Absolute Monarchie. 2,7 Mio. Einwohner, davon nur 10 % mit Katarpass. 90 % nahezu rechtlose asiatische Arbeiter. Katar ist etwas kleiner als Schleswig-Holstein. Erdöl, drittgrößtes Erdgasvorkommen (77 Mio. Tonnen pro Jahr), viertreichstes Land der Welt. Verfolgung von Homosexuellen. Eingeschränkte Frauenrechte. Sharia als Grundlage der Gesetzgebung. Keine freien Wahlen. Berichte über Folter in Gefängnissen. Auf dem Index der Pressefreiheit von *Reporter ohne Grenzen* auf Platz 119 von 180. Katar finanziert Muslimbrüder, außerdem Extremisten wie die Hamas.

Allerdings hat die Regierung die Abhängigkeit der Arbeiter von ihren Arbeitgebern gelockert. Seit einem Jahr dürfen sie auch ohne Erlaubnis den Arbeitsplatz wechseln. Außerdem muss der Arbeitgeber für die Unterbringung seiner Arbeiter sorgen. Auch einen

Mindestlohn, wenn auch einen bescheidenen, hat die Regierung des extrem reichen Landes inzwischen eingeführt. Ein Gesetz verbietet es, während der Sommerhitze zwischen 10.00 und 15.30 Uhr, Arbeiter auf einen Arbeitsplatz im Freien zu schicken. Doch gibt es noch genügend skrupellose Baustellenleiter, die sich über solche Vorschriften hinwegsetzen. Außerdem hapert es gewaltig bei der Kontrolle dieser gut gemeinten Vorschriften. Einige dieser Reformen werden nur unzureichend umgesetzt, auch mangelt es an Beschwerdestellen. Etwas besser sind die Arbeitsbedingungen geworden, aber noch lange nicht gut, bewertet *Amnesty International Deutschland* die Reformbemühungen des Emirs. Besonders schlimm sei nach wie vor das »Abhängigkeitsverhältnis« der meist weiblichen Hausangestellten. Sie seien nicht selten psychischem, physischem und sexuellem Missbrauch ausgesetzt. Außerdem seien weder Katar, das über 200 Milliarden. Dollar für die Fußball-WM ausgegeben hat, bereit, den Familien der am Arbeitsplatz ums Leben gekommenen Arbeiter eine Entschädigung zu zahlen. Genauso wenig wie die FIFA.

Neu ist, dass sich etliche dieser »Kafala-Knechte« zur Wehr setzen. Fast hundert aus Asien stammende Arbeiter hatten 2022, im Jahr der Fußball-WM, in Doha demonstriert, um ausstehende Löhne einzufordern. Am 14. August, also knapp drei Monate vor Beginn des Turniers, waren sie vor den Firmensitz ihres Arbeitgebers, einer Baufirma, gezogen. Dem Ausrichter der WM kamen diese Streikbilder natürlich höchst ungelegen. Daher versprach er schnell, die Schulden der Arbeitgeber zu übernehmen. Dann aber reagierte er wie alle autoritären Regime auf Proteste nun mal reagieren: Er ließ die Rädelsführer der rund 60 Demonstranten verhaften und verwies sie des Landes. So viel zum Thema Menschenrechte in Katar. Ob die wenigen Verbesserungen, die der Emir von Katar anlässlich der Fußballweltmeisterschaft einführte, nur Menschenrechtskosmetik waren oder tatsächlich das Leben der Gastarbeiter leichter machen, werden Organisationen wie *Amnesty International* oder *Human Rights Watch* sicherlich in den nächsten Monaten und Jahren genau beobachten.

# Arabellion und die Folgen

»Heute ist es schlimmer als unter Mubarak.« Diesen Satz bekam ich während einer Reise nach Kairo immer wieder zu hören. Geäußert hatten ihn die wenigen mutigen Menschen, die es heute noch wagen, das Regime des Putschpräsidenten Abd al-Fattah as-Sisi öffentlich zu kritisieren. Wer ihn nicht lobt und preist, wer an ihm etwas zu bemäkeln wagt oder ihn gar harsch kritisiert, hat schnell Besuch zuhause – von der Polizei. In Cafés belauschen Spitzel die Gespräche und machen Meldung, die Menschen ducken sich, haben Angst. Von den vielen politischen Gefangenen haben die meisten Ägypter vermutlich schon einmal gehört, offen darüber zu sprechen wagt kaum einer.

Gamal Eid ist einer dieser mutigen Menschenrechtsaktivisten, die sich ihre Meinung nicht verbieten lassen. Als ich ihn im Büro seiner Menschenrechtsorganisationen, des *Arabic Network for Human Rights Information* besuchte, hatte er mein Angebot, seinen Namen zu anonymisieren, sofort abgelehnt: »Die Polizei weiß doch ohnehin, wie ich denke. Warum soll ich mich da verstecken.« Die Widersacher des Regimes leiden zwar spürbar unter der Paranoia und der Brutalität des Regimes, sich ihm aber zu unterwerfen kommt für sie nicht in Frage. »Nur so kann ich morgens noch in den Spiegel schauen«, erklärte mir Anwalt Eid. Mubarak war doch vermutlich schon schwer auszuhalten, frage ich ihn. Er nickt. Warum geht aber as-Sisi mit dieser Härte gegen alle Oppositionellen vor, egal ob Muslimbrüder oder säkulare Opposition? Der neue ägyptische Despot glaube, der Arabische Frühling konnte nur entstehen, so Eid, »weil Mubarak zu wenig Repression eingesetzt hat. Deswegen lässt er seine Polizei viel schärfer gegen Oppositionelle vorgehen, als es Mubarak je getan hatte.« Nur wenn er Angst und Schrecken verbreitet, könne er sich an der Macht halten.

> **Ägypten heute**
> Ca. 60.000 politische Gefangene. Willkürliche Verhaftungen, Berichte von Folter, jahrelange Untersuchungshaft ohne Anwälte und ohne Urteile. Klimaaktivisten, Journalisten, Wissenschaftler werden bespitzelt, verfolgt und mit Reiseverboten belegt. Wissenschaftler müssen sich die Veröffentlichung politisch brisanter Forschungsergebnisse genehmigen lassen. *Human Rights Watch* spricht von einer »allgemeinen Atmosphäre der Angst« und von »gnadenloser Unterdrückung der Zivilgesellschaft«. Einer von ihnen, Alaa Abdel Fattah, 40 Jahre alt, war einer der Wortführer auf dem Tahrirplatz. Von April bis November 2022 im Hungerstreik.

Ein besonders krasser Fall politischer Verfolgung ist der des Bloggers Alaa Abdel Fattah. Auf ihn veranstaltet as-Sisi eine regelrechte Hetzjagd. Angeblich sei er der gefährlichste Bombenleger der Nation. Das Gegenteil ist der Fall. Schon auf dem Tahrirplatz zählte er zu den Wortführern und Vordenkern, der zwar immer wieder die Komplizenschaft von Militär, Beamtenapparat und religiösen Institutionen anprangerte und schon früh vor einem möglichen Putsch gewarnt hatte, aber nie hatte er zu Gewalt aufgerufen. Vermutlich wegen seiner klaren Analyse in seinen Blogs und seiner Wortgewalt auf dem Tahrirplatz war er bei der alten Elite besonders verhasst. Außerdem stammt er aus einer Familie, die seit Jahrzehnten mit ihrem Kampf gegen Menschenrechtsverbrechen im Land dieser Elite auf die Füße tritt. Sein Vater, ehemaliger Kommunist, gehörte zu den bekanntesten Menschenrechtsanwälten Ägyptens. Ebenso seine Mutter, die Mathematikprofessorin Laila Soueif, die sich heute so leidenschaftlich für die Freilassung ihres Sohnes einsetzt. Oder seine beiden Schwestern, Mona und Sanaa Seif, die selber mehrere Wochen inhaftiert waren. Jede ägyptische Regierung der vergangenen zwanzig Jahre hatte sich an seiner Hartnäckigkeit, seinem Mut und seiner Kompromisslosigkeit die Zähne ausgebissen. Mubarak ließ ihn 2006 das erste Mal verurteilen. Ebenso dessen Nachfolger nach Mubaraks Sturz im Februar 2011, der Chef der Militärregierung, General Tantawi. Selbst der einzig frei gewählte Präsident des Landes, der Muslimbruder Mohammed Mursi, konnte sich seiner Kritik nicht anders erwehren, als ihn verhaften zu lassen. Erst nach Wochen und einem Hungerstreik der Mutter ließ er ihn wieder auf freien Fuß setzen. Bei der Festnahme sind es immer die gleichen Begründungen: Aufwiegelung, Verbreitung von Falschinformationen, Terrorismus oder im Klartext ausgedrückt, sie ertrugen Alaa Abdel Fattahs scharfzüngige Kritik nicht, fühlten sich von ihm bedroht und glaubten sich erst in Sicherheit, wenn er hinter Gittern saß.

Da ist es kaum ein Wunder, dass er seit dem Putsch im Juli 2013 höchstens ein paar Wochen in Freiheit war. Zuletzt verhaftet wurde er 2019 wegen – wenig überraschend – »Verbreitung von Falschinformationen«. Viel länger als selbst in Ägypten gesetzlich erlaubt saß er in der sogenannten Sicherungsverwahrung. In dieser Zeit schrieb er in einem aus dem Gefängnis geschmuggelten Kassiber:

> »Was die Vorwürfe gegen mich betrifft, hat die Situation dermaßen absurde Züge angenommen, die nicht einmal ein Romanautor hätte erfinden können. Im Laufe von zehn Anhörterminen zur Haftverlängerung hat mir die Staatsanwaltschaft weder die Inhalte der Ermittlungen mitgeteilt, noch wurde Beweismaterial oder irgendwelche Zeugenaussagen oder irgendwelche erklärenden Angaben zu den Anklagepunkten präsentiert. Für mich lag schließlich die Vermutung nahe, dass meine Inhaftierung politische Gründe hat, zu denen ich mich auch geäußert habe. [...] Leider handelt es sich dabei um ein systematisches Vorgehen, das auch Hunderte, sogar Tausende andere betrifft.«

Erst anderthalb Jahre nach der Verhaftung, im Dezember 2021, begann der Prozess. Ein Sondergericht in Kairo verurteilte ihn zu fünf Jahren Haft. Angeblich habe er auf seiner Facebook-Seite über die Folterung anderer Gefangener berichtet. Dass Folter in Ägypten eine übliche Methode ist, um politische Gefangene zu brechen, ist kein Geheimnis. *Amnesty International* und *Human Rights Watch* berichten regelmäßig gut belegt darüber. Die Journalistin und Aktivistin Naomi Klein vermutet aber noch etwas Anderes: »Tatsächlich steht außer Zweifel, dass seine Inhaftierung potenzielle Revolutionäre dazu bringen soll, sich etwaige demokratische Träume gefälligst aus dem Kopf zu schlagen.«

Am 2. April 2022 begann Alaa Abdel Fattah einen Hungerstreik, um gegen das Urteil »Verbreitung von Falschinformationen« zu protestieren. Anfangs nahm er nur Wasser und Salz zu sich, später noch täglich einen Teelöffel Honig, um wenigstens auf 100 Kalorien am Tag zu kommen – das Minimum, das ein Körper an Kalorien braucht. Am 1. November informierte er seine Familie, er weigere sich von nun an, auch Wasser und Salz zu sich zu nehmen. Von da an brachte ihn jeder Tag seinem Tod ein Stück näher. Seine Mutter appellierte verzweifelt an die Teilnehmer des Weltklimagipfels, die sich seit dem 6. November 2022 im ägyptischen Sharm el-Sheikh versammelten; denn sie wusste, der Tod eines Häftlings kümmert das Regime nicht weiter. Laut dem Kairoer *Al-Nadim-Center*, das sich für Opfer von Folter und Gewalt einsetzt, starben in ägyptischen Gefängnissen im Jahr 2022 mehr als vierzig Häftlinge. Daher klagte Laila Soueif auch die westlichen Staatsoberhäupter an. An sie gerichtet schrieb sie einen leidenschaftlichen Appell:

> »In ein, zwei oder höchstens drei Tagen wird das, was Alaa Abdel Fattah durchmacht, vorbei sein. Wenn er freigelassen wird, wird er frei sein. Wenn er stirbt, wird er frei sein. Die ägyptischen Behörden, die schon so viel Blut an ihren Händen haben, denken wahrscheinlich, dass sie mit einem weiteren Verbrechen davonkommen. Sie könnten Recht haben. Welchen Unterschied kann ein weiterer Todesfall in einer Gefängniszelle machen? Deshalb richte ich meine Worte an andere, an den britischen Premierminister und an all die Staatsoberhäupter, die sich in Sharm el-Sheikh versammelt haben. Die ägyptischen Behörden sind Ihre Freunde und Schützlinge, nicht Ihre Feinde. Wenn Alaa stirbt, werden auch Sie Blut an Ihren Händen haben, und Sie behaupten, Länder zu vertreten, in denen jedes Leben zählt.«

Die meisten europäischen Staatsoberhäupter und Regierungschefs haben sich den Aufruf zu Herzen genommen und tatsächlich versucht, auf ihren ägyptischen Kollegen Abd al-Fattah as-Sisi einzuwirken, damit er Alaa freilasse. Vergeblich. Offensichtlich ist auch für das ägyptische Staatoberhaupt ein guter Oppositioneller nur einer hinter Gittern oder – vielleicht sogar noch besser – ein toter.

Nur da kann sich der ägyptische Autokrat gewaltig täuschen. Anfang des Jahres erschien Alaas Buch *Ihr seid noch nicht besiegt – Ausgewählte Texte von 2011 bis 2021* auf Englisch. Im November 2022 dann auch auf Deutsch. Eine Sammlung von Texten, von denen einige im Gefängnis entstanden sind, aber auch Reden, die er auf dem Tahrirplatz gehalten hatte, Facebook-Posts und Essays. Jeder dieser Beiträge ist scharfsinnig und analytisch, in keinem Fall marktschreierisch. Es sind eher leise Analysen, deren Präzision in den Ohren der ägyptischen Regimeanhänger – sofern sie überhaupt Bücher lesen – aber dröhnen müssen. Denn Alaa Abdel Fattah verbreitet in diesem Vermächtnis zu Lebzeiten das Gegenteil von dem, was ihm die Gerichte vorwerfen. Nicht »falsche Informationen«, wie sie behaupten, sondern schonungslos wahre Informationen hat er aufgeschrieben und – wie auch immer – aus dem Gefängnis schmuggeln können:

> »Mir werden meine Rechte verweigert, vor allem jene, die dem Schutz unserer Gesundheit in der Winterzeit dienen. Die zwei Stunden körperlicher Betätigung sind mir weiterhin untersagt, ich sehe kein Sonnenlicht und habe keinen Zugang zu warmem Wasser oder eine Möglichkeit, mich mit warmem Wasser zu waschen. Die Gefängnisleitung hat uns keine standardgemäße Matratze und Kopfkissen zur Verfügung gestellt, sodass wir ohne Bettzeug auf Betonunterlagen schlafen müssen, während die Kälte in unsere Knochen schleicht.«

Trotz wiederholter Beschwerden, neuer Ersuche und ausführlicher Berichte bleibt die Behörde bei ihrer Weigerung, den Gefangenen mit dem Notwendigsten auszustatten. Er darf keine Bücher lesen, keine Zeitungen abonnieren oder die Gefängnisbibliothek benutzen. Für ihn gibt es nur eine Erklärung für ein solches Verhalten: Angst und Abscheu, die den gesamten ägyptischen Staat ergriffen habe:

> »Hinter meiner Inhaftierung steht keine andere Logik oder Begründung als Abscheu für das geschriebene Wort, weshalb meine Festnahme nicht zufäl-

lig mit der von namhaften Akademikern und Forschern zusammenfiel und die Verhaftung von Journalisten vorausging, die für ihre berufliche Integrität bekannt waren.«

Alaas Schwester Sanaa glaubte, das Regime werde alle Hebel in Bewegung setzten, damit ihr Bruder nicht während der Internationalen Klimakonferenz sterben werde. Er werde zwangsernährt, vermutete sie. Informationen aus dem Gefängnis erhielt die Familie lange so gut wie nicht. Auch das ein Teil der Strategie des Regimes: Angehörige im Ungewissen zu lassen. In der zweiten Woche der Klimakonferenz kam dann die erlösende Nachricht. Alaa Abdel Fattah hat seinen Hungerstreik abgebrochen.

Sollte ein solcher Gipfel überhaupt in einem repressiven Staat, wie es Ägypten unter as-Sisi geworden ist, stattfinden? Oder in den Vereinigten Arabischen Emiraten, wo sich die Klimaschützer das nächste Mal treffen wollen? Auch hier werden Andersdenkende verfolgt und eingesperrt. Eine Zivilgesellschaft darf am Persischen Golf genau so wenig entstehen wie am Nil. Naomi Klein, die weitvernetzte Klimaaktivistin und Publizistin, schreibt zu dem Treffen in Sharm el-Sheikh:

»Dieser Gipfel geht weit über das ›Greenwashing‹ eines umweltverschmutzenden Staates hinaus. Da wird ein Polizeistaat grün eingefärbt. In Zeiten, in denen von Italien bis Brasilien der Faschismus marschiert, ist das keine Petitesse. Noch ein weiterer Faktor ist fester Bestandteil dieser schwarzen Bilanz. Anders als bei früheren Klimagipfeln [...] werden die von Umweltverschmutzung am stärksten betroffenen ägyptischen Communities und Organisationen in Sharm el-Sheikh nirgendwo auffindbar sein.«

Ägypter, die versuchten dorthin zur reisen, »werden nämlich wegen ›Verbreitung von Falschinformationen‹ oder wegen Verstoßes gegen das Demonstrationsverbot alsbald im Gefängnis landen, sofern sie nicht schon drinsitzen.«

War also alles vergeblich? Die Proteste im Januar 2011? Erstickt in Blut? Die vielen friedlichen Aktionen? Und die vielen Opfer, die Verletzten und Toten? Ist alles wieder wie vorher, nur eben schlimmer? Und wie sieht es in den anderen Ländern des sogenannten Arabischen Frühlings aus? In Syrien, in Libyen oder im Jemen? Die Aufstände hatten sich gegen Korruption, Nepotismus, soziale Ungerechtigkeit und Polizeiwillkür gerichtet.

Ägypten zum Beispiel. Dort hatten sich schon 2004 oppositionelle Intellektuelle zusammengeschlossen. Ihre Bewegung nannten sie *Kifaja*, was so viel heißt wie: »Es reicht, wir haben die Nase voll«. Sie organisierten Demonstrationen, lieferten sich Straßenschlachten mit der Sicherheitspolizei und verteilten Flugblätter mit ihren Forderungen: keine Korruption und keine Vetternwirtschaft, freie Wahlen, soziale Gerechtigkeit, kurz: eine offene Gesellschaft.

Vier Jahre später gründeten der Bauingenieur Ahmed Maher die Facebook-Gruppe »6. April«. An jenem Tag hatten im Nildelta Arbeiter der Staatlichen Textilfabrik »Mahalla Weaving and Spinning Mill« mit Streiks begonnen, um die von ihrem Arbeitgeber schon seit etlichen Monaten nicht ausbezahlten Löhne einzufordern. Ahmed Maher und seine Freunde unterstützten die Streikenden, sammelten Informationen und verbreiteten sie in dem damals allerdings noch nicht sehr ausgebauten ägyptischen Facebooknetz. Das staatliche Fernsehen und die meisten Zeitungen berichteten nicht oder nur sehr sporadisch über den Streik, der mehrere Monate dauern sollte. Auch die Bewegung »6. April« sollte 2011 bei dem Aufstand auf dem Tahrirplatz eine entscheidende Rolle spielen.

Oder Tunesien. Auch hier hatten schon lange vor dem Sturz des Diktators Zayn al-Abidin Ben Ali im Januar 2011 die Proteste begonnen. Auch hier war der Preis hoch, den die Oppositionellen bezahlen mussten. Denn beide, Ägypten wie Tunesien, waren brutale Polizeistaaten. Verhaftungen und Folter in den Gefängnissen waren an der Tagesordnung. Auch Gerichte waren nicht viel mehr als Instrumente, um die Herrschaft der Eliten abzusichern.

Anders als in Ägypten spielten in Tunesien schon früh die sozialen Netzwerke eine entscheidende Rolle. In der Zeit von 2009 bis 2011 hatte sich die Zahl der Facebook-User fast verdreifacht. Im Jahr der Revolution war von den rund elf Millionen Tunesiern fast jeder vierte über diese Plattform erreichbar, jeder dritte war in irgendeiner anderen Form im Internet aktiv. Und ab 2009, so sagt die Statistik, konnte praktisch jeder Tunesier über SMS mobilisiert werden. Beste Voraussetzungen also für eine moderne Revolution. Über Facebook & Co. dokumentierten die Jungrevolutionäre Übergriffe der Polizei, posteten Fotos ihrer Proteste und machten Willkür der Sicherheitskräfte öffentlich. Die sperrten zwar Seite um Seite, Blog um Blog, löschten Posts, verhafteten und folterten, zwangen sogar Besitzer von Internetcafés zu Spitzeldiensten, doch die »Internauten«, wie sich die tunesischen Internetaktivisten nannten, waren dieser Cyberpolizei fast immer einige Klicks voraus.

### Ägypten
Seit 1952 stellt das Militär den Präsidenten: Gamal Abdel Nasser (1954–1970), Anwar as-Sadat (1970–1981), Hosni Mubarak (1981–2011). Mohammed Mursi war der bislang einzige frei gewählte Präsident bis zu seinem Sturz durch Abd al-Fattah as-Sisi (2012–2013), 2013–2014 ein ziviler Übergangspräsident. Seit 2014 Abd al-Fattah as-Sisi Präsident; seither keine freien Wahlen.

In Ägypten begann der Aufstand schon am 7. Juni 2010, nicht erst am 25. Januar 2011. An jenem Juniabend sitzt der 28 Jahre alte Khaled Said in einem Internetcafé im Stadtteil Kleopatra der Mittelmeerstadt Alexandria und schreibt an seinem Blog. Da betreten zwei Männer in Zivil das Cybercafé und verlangen seinen Personalausweis. Als er sich weigert, auf ihren rüden Ton zu reagieren und seinen Ausweis nicht zeigt, fackeln die Männer nicht lange. Sie packen ihn und prügeln auf ihn ein, drehen seine Arme auf den Rücken, reißen an seinen Haaren und schlagen seinen Kopf immer wieder auf einen Marmortisch. Dann schleppen sie ihn vor das Kaffeehaus und prügeln weiter auf ihn ein. Er schreit um Hilfe – vergeblich. Der Caféhausbesitzer Hassan Mesbah hat Angst, traut sich nicht ihm beizustehen. Er kennt die Polizei. Er weiß, dass sie nicht zögern wird, auch ihn umzubringen. Schließlich ist er Zeuge des Mordes. Später beschreibt er sein Entsetzen gegenüber einer oppositionellen Zeitung so: »Als er tot war, haben sie seinen Körper weggeschafft wie den Kadaver eines Schafes«. Spätestens als die beiden Polizisten in Zivil den Kopf Khaleds gegen ein Eisengitter hämmern und wie von Sinnen auf ihn eintreten, stirbt er. Zwanzig Minuten dauert diese Gewaltorgie, dann war sein Körper so entstellt, dass sich ägyptische Oppositionszeitungen weigerten, die Bilder zu veröffentlichen. Sie seien dem Leser nicht zumutbar, entschuldigen sie. Sein Kinn ist mehrfach gebrochen, Zähne eingeschlagen, das ganze Gesicht bis zur Unkenntlichkeit entstellt.

Die Polizei Alexandrias behauptet zwar sofort, er sei drogenabhängig und habe versucht, ein Päckchen mit Drogen zu verschlucken. Daran sei er erstickt. Doch niemand glaubt ihr. Erst als die Proteste nicht enden wollen, nimmt die Staatsanwaltschaft Ermittlungen gegen die beiden Polizisten auf. Wegen »exzessiver Gewaltanwendung« und wegen »ungerechtfertigter Festnahme«. In Ägypten steht auf solche Polizeiwillkür eine Gefängnisstrafe von höchstens einem Jahr. Erst vier Jahre später verurteilte ein Gericht in Alexandria die beiden Polizisten wegen Mordes zu je zehn Jahren Gefängnis.

Für einen Mann ist die Nachricht von diesem Mord in Alexandria ein Schlüsselerlebnis. Ihm ist es mit zu verdanken, dass die Opposition schon 2010 Facebook als schwere Waffe gegen Mubarak und seine Polizei in Stellung bringen konnte. Wael Ghonim heißt er, Ägypter, der damals als Marketingleiter der Firma *Google* in Dubai arbeitet. Dort erlebte er den anschwellenden Zorn der ägyptischen Jugend auf das Regime Mubarak. Dann im Sommer 2010 dieses selbst in Ägypten kaum vorstellbares Verbrechen in Alexandria. Die Nachricht vom Tod des Bloggers flog um die Welt. Selbst in Ägypten konnte die Zensur sie nicht unterdrücken. Wael Ghonim und seine Freunde in Kairo beschlossen, mit der Prügelpolizei abzurechnen. Für Menschen, die unter der Willkür des Sicherheitsapparates litten und sich mitteilen wollten, richteten sie eine »Klagemauer« ein, eine Facebook-Seite mit dem Titel *Kullena Kha-*

*led Said* (»Wir alle sind Khaled Said«). Schon am ersten Tag meldeten sich mehr als 36.000 Polizeiopfer. In den nächsten Wochen sollten es Millionen werden. Mit seiner Facebook-Seite hatte Ghonim eine ideale Plattform geschaffen. Hier konnten sie Informationen austauschen, vor der Polizei warnen oder zu Protesten aufrufen. Damit hatte das Vorspiel zum Aufstand auf dem Tahrirplatz endgültig begonnen.

Auch zur alles entscheidenden Demonstration am Dienstag, den 25. Januar 2011 hatte Ghonim über *Wir alle sind Khaled* aufgerufen, zusammen mit den Bewegungen *6. April, Kifaja* und anderen. Der Apell hatte einen Erfolg, der alle Erwartungen weit übertraf. Tausende zornige Ägypter und Ägypterinnen strömten in das Stadtzentrum, die meisten stammten aus Kairo. Auch in anderen Städten des Landes gingen die Menschen auf die Straßen. Alle forderten das Gleiche: Mubaraks Rücktritt, freie Wahlen, Brot, Würde und eine Gesellschaft frei von Angst vor der Polizei. Drei Wochen sollte es dauern, dann hatten die Demonstranten auf dem Tahrirplatz endlich ihren ersten Erfolg. Am 11. Februar trat Mubarak zurück. Eine neue Zeit schien in Ägypten anzubrechen.

### Jugend im Nahen Osten

Das Durchschnittsalter im Nahen Osten liegt zwischen 25 und 30 Jahren (Deutschland ca. 47 Jahre). Die Arbeitslosigkeit unter den 15- bis 29-Jährigen liegt bei ca. 40 %, wegen der hohen Geburtenrate werden die arabischen Gesellschaften immer jünger. Dennoch gibt es keine entsprechende Wirtschaftspolitik, sondern Korruption und Nepotismus. Ca. 18 % der Jugendlichen haben sich an den Aufständen beteiligt. Ihre Forderungen: politische, kulturelle und persönliche Freiheiten, Mitspracherechte (*Arab Human Development Report*, 2016).

### Anteil der 15- bis 29-Jährigen

*Kuweit:* 10,0 %, davon 19,7 % arbeitslos
*Bahrain:* 10,6 %, davon 9,0 % arbeitslos

> *Vereinigte Arabische Emirate:* 7,2 %, davon 10,2 % arbeitslos
> *Katar:* 11,0 %, davon 1,3 % arbeitslos
> *Saudi-Arabien:* 19,2 %, davon 29,6 % arbeitslos
> *Ägypten:* 16,4 %, davon 33 % arbeitslos
> *Jordanien:* 19,5 %, davon ca. 30 % arbeitslos
> *Tunesien:* 16,5 %, davon mindestens 36 % arbeitslos
> *Irak:* 18 %, davon mindestens 30 % arbeitslos

Diese Erfolge, die Flucht Ben Alis aus Tunesien und Mubaraks Rücktritt in Ägypten, feuerten die Unzufriedenen in anderen arabischen Ländern an. In Bahrain etwa, dem kleinen Inselstaat im Persischen Golf. Die Mehrheit der Bevölkerung sind Schiiten, das Königshaus und die Regierung fast ausschließlich Sunniten. Diese religiösen Zugehörigkeiten sind eigentlich kein Grund für tiefgehende Konflikt, doch die sunnitische Minderheit im Land verdächtigt die Schiiten, eine Art »fünfte Kolonne« des Iran zu sein, hält sie also nicht für loyale Staatsbürger. Von lukrativen Berufen in der staatlichen Verwaltung, der Polizei oder dem Militär sind sie so gut wie ausgeschlossen, gerade zehn Prozent der Staatsangestellten gehören dieser Bevölkerungsmehrheit an. Auch im ohnehin nicht sehr machtvollen Parlament nehmen sie weniger als die Hälfte der Sitze ein. Kein Wunder also, dass die schiitischen Bahrainis, angestachelt von den erfolgreichen Revolten in Tunesien und Ägypten, 2011 in Manama auf die Straßen gingen. Ihre wichtigste Forderung: politische und wirtschaftliche Gleichstellung mit der sunnitischen Minderheit. Über mehrere Wochen besetzten die Demonstranten den Perlenplatz in der Hauptstadt und lieferten sich nahezu täglich Straßenschlachten mit Polizei und Militär. Es gab fast hundert Tote und tausende Verletzte, selbst aus Krankenhäusern verschleppte die Polizei Verwundete in die Foltergefängnisse.

Als es Polizei und Militär auch nach einem Monat nicht gelungen war, der Unruhen Herr zu werden, fackelten Saudi-Arabien und die Emirate nicht lange. Sie schickten eigenes Militär und

Sonderpolizei in das Zwergland von der Größe Hamburgs. Ein zweites Ägypten wollten die Scheichs in Riyad und Dubai nicht in ihrer Nachbarschaft dulden, schon gar keines mit einer schiitischen Regierung, die Sympathien für den Iran entwickeln könnte. Ihre Soldaten und Panzer schafften in kürzester Zeit Ruhe im Land, eine Friedhofsruhe, auch wenn die Proteste der schiitischen Mehrheit selbst heute noch gelegentlich aufflackern, aber jedes Mal brutal mit Tränengas und Gummigeschossen unterdrückt werden. Die »Nachbarschaftshilfe« der Saudis und der Emirate hatte aus dem Königreich endgültig einen Polizeistaat gemacht.

Mit dem Einmarsch hatte diese reaktionäre Allianz am Golf gezeigt, dass sie auch in Zukunft nicht bereit sein werde, die Revolten der Jugend gegen autoritäre Herrscherkollegen oder gar Demokratiebestrebungen zu tolerieren. Im Gegenteil: In den nächsten Jahren griff sie entweder auf der Seite der bedrohten Machthaber ein oder bekämpfte jede liberale Opposition, scheute sich dabei auch nicht, sich mit solchen militanten Djihadisten heimlich zu verbünden, die sie im eigenen Land gnadenlos verfolgen. So gesehen war die Invasion in Bahrain nur der Prolog zu diesem Abwehrkampf gegen eine Demokratisierung der arabischen Welt, eine konservative Gegenrevolution, die bis in die Gegenwart andauert.

Ägypten und Tunesien waren die einzigen arabischen Länder, in denen die Jungrevolutionäre zumindest vorübergehend eine wenn auch zögerliche Demokratisierung ihrer Gesellschaften durchsetzen konnten. In Ländern wie Syrien, Libyen und dem Jemen lösten die Revolten Kriege aus, die jede Hoffnung auf eine politische Wende zerschlugen. In den Golfstaaten kauften sich die Emire und Könige durch hohe Geldgeschenke an ihre Untertanen frei von drohenden Protesten.

Warum aber ist der Aufstand in Ägypten gescheitert? Warum letztendlich auch in Tunesien? Zunächst Ägypten, das Heimatland des Menschenrechtsanwalts Gamal Eid. »Wir haben anfangs zu sehr dem Militär vertraut, wir haben mit den Islamisten zusammengearbeitet«, erklärte dieser ägyptische Sisyphos in Sachen

Menschenwürde das Scheitern der Revolution, als ich ihn im Herbst 2019 in Kairo besuchte. »Tatsächlich hatten sich Salafisten und die Staatsmacht schon früh gegen uns verschworen. Wir haben es nur zu spät bemerkt.« Was wie eine Verschwörungsphantasie klingt, bestätigt ein Blick ins ägyptische Parlament. Nach den letzten Wahlen im Herbst 2020, die genauso wenig frei waren wie alle seit 2013, saß ein Block grimmig dreinblickender Herren mit langen Bärten im ägyptischen Unterhaus: sieben ultraorthodoxe Abgeordnete der Salafisten. Als Belohnung für ihre Unterstützung des Putsches von 2013 darf die Salafistenpartei *al-Nour* als einzige islamistische Partei bei Wahlen antreten. Nur wer dem Regime genehm ist, kommt auf die Stimmzettel. Die im Vergleich zu den Salafisten fast moderaten Muslimbrüder dagegen werden unerbittlich verfolgt.

Auch Gamal Eid wurde von Uniformierten verschleppt, gefoltert und erst nach Monaten wieder freigelassen – drei Mal insgesamt. Oder er wurde auf offener Straße von Schlägerbanden des Staates verprügelt. Dennoch hatte er als Anwalt weitergemacht und verteidigt auch Muslimbrüder. Aufgeben komme für ihn nicht in Frage: »Vor Gericht können wir nichts erreichen. Die Urteile stehen schon vor Prozessbeginn fest«, weiß er. »Wir können die Angeklagten aber moralisch unterstützen, das ist wichtig für sie.« Außerdem kümmern sich diese Verteidiger ohne Rechte um die Familien der Angeklagten. Seine eigene, aus den USA stammende Frau hat er zusammen mit den Kindern zurück in ihre Heimat geschickt: »Die schrecken ja noch nicht einmal davor zurück, die Ehefrau zu bedrohen, selbst den Kindern stellen sie nach und machen sie in der Schule schlecht.«

Auch anderen Oppositionellen gelingt es seit Jahren, die wenigen Schlupflöcher, die zu stopfen dem Regime auch nach all den Jahren nicht gelungen ist, zu nutzen. Da gibt es zum Beispiel die Online-Zeitung *Mada Masr*, die vielleicht letzte unabhängige im Internet verbreitete Publikation des Landes. Sie gehört zum Feinsten, was das Land an Presse zu bieten hat. Ihre Chefredakteurin Lina Attalah ist die bekannteste unter den wenigen unabhängigen

Journalisten des Landes, aber auch die am meisten gehasste, zumindest von ägyptischen Politikern, Polizisten und Offizieren. Denn es gelingt ihr immer wieder, handfeste Skandale bei Polizei, Armee und in der Politik aufzudecken. Ihre Online-Zeitung ist ein Licht in der dunklen Zeit, durch die das Land im Augenblick geht. Allerdings im Augenblick auch ein Licht, das die Sicherheitsbehörden des Landes auszutreten versuchen.

*Mada Masr* ist kein heimlich im Keller eines Hochhauses produziertes Untergrundblatt, das sich vor dem Staat und seiner Polizei versteckt. Produziert wird es im sechsten Stock eines Wohnhauses im Kairoer Stadtteil Dokki – für jedermann erreichbar mit Türschild und Klingel. Wie kann es sein, dass eine solche Zeitung in as-Sisis Ägypten erscheint, produziert von jungen und fröhlichen Ägyptern, die gelassen und offensichtlich ohne Furcht über all das berichten, was Militär und Polizei zu unterdrücken versuchen? Lina antwortete bei meinem Besuch mit einem Schulterzucken. Sie weiß es auch nicht so richtig. Seit Juni 2017 wird die Zeitung in Ägypten zwar geblockt, soll also im Land nicht mehr erreichbar sein, kann aber trotzdem unter einigen Schwierigkeiten von den ägyptischen Lesern im Internet gefunden werden: »Diese Sperre ist aber illegal«, erklärte Lina damals selbstbewusst, schließlich sei *Mada Masr* bei den Behörden registriert, darf also erscheinen. Eigentlich. »Nicht wir sind illegal, sondern, das, was die Behörden mit uns machen, ist illegal. Auch nach ägyptischen Gesetzen.«

Aber diese Gesetze sind den ägyptischen Machthabern schon lange egal. Weit über 34.000 Seiten mit kritischen Inhalten sind inzwischen gesperrt, darunter die der *Deutschen Welle* und ihres Online-Magazin *Qantara*. Mindestens 25 Journalisten sitzen im Jahr 2022 im Gefängnis. Damit sind nur noch in Myanmar und in China mehr Journalisten inhaftiert. Auf der Rangliste der Pressefreiheit liegt as-Sisi-Land auf dem 168. Platz von insgesamt 180. Wäre es da für die Regierung nicht einfacher, die Zeitung gleich ganz zu verbieten, so wie sie es mit allen Publikationen gemacht hat, die nicht auf Regimekurs einschwenken wollten? »Diese Frage stellen wir uns natürlich auch ständig«, erklärte mir Lina damals.

»Besonders wenn wir über Folter oder die Armee berichten, rechnen wir mit dem Schlimmsten. Vielleicht glauben die Behörden, sie könnten uns nicht so einfach dichtmachen, weil *Mada Masr* inzwischen zu bekannt ist, besonders bei ausländischen Regierungen. Uns zu verbieten oder uns zu verhaften, könnte großen Ärger provozieren. Was sie machen, ist eine Art weiche Zensur, indem sie die Ausgaben blockieren.«

Die mit Namen gekennzeichneten Artikel zitieren unter anderem Quellen, die im inneren Machtbereich des Militärs oder des Regimes angesiedelt sein müssen. Denn, so Lina, as-Sisis System sei kein geschlossener Block. *Mada Masr* habe Zugang zu anderen Unzufriedenen innerhalb des Regimes, die aber lieber im Verborgenen bleiben wollen. So hat *Mada Masr* vor dem Beginn der Weltklimakonferenz eine Reporterin und einen Reporter nach Sharm el-Sheikh geschickt, um anders als es von den üblichen Jubeljournalisten erwartet wird, genauer hinzusehen bei den Vorbereitungen auf die Internationale Konferenz der Klimaschützer. Was sie herausgefunden haben, wird weder der Stadtverwaltung am Roten Meer noch den Oberen in Kairo übermäßig gefallen habe. So schreiben die beiden *Mada Masr*-Reporter, unter anderem habe die Stadtverwaltung die Straßenbeleuchtung mit kleinen Solarbatterien ausgestattet. Sehr klimafreundlich und vorbildlich. Doch das Journalistenteam schaut genauer hin. Letztendlich sei der Badeort zwischen Wüste und Rotem Meer ein Potemkinsches Dorf, so ihr Fazit: »Die silberfarbenen Sonnenkollektoren auf den Laternenpfählen sind mit Staub bedeckt. Aus dem Boden ragen erkennbar Stromkabel, über die die Straßenbeleuchtung aus dem nationalen Stromnetz versorgt werden.« Statt in der Stadt mehr Grünanlagen anzulegen, habe man die Asphaltstraßen verbreitert, dafür die wenigen Radwege noch schmäler gemacht. Außerdem sei ein neuer Yachthafen in diesem Jahr ohne jede Umweltauflage fertiggestellt worden. Die mit der Vorbereitung der für das Land so prestigeträchtigen Konferenz betrauten Staatsbeamten sollen getobt haben, als sie von dem Artikel erfuhren.

Gegründet hat Lina Attalah ihre Online-Zeitung im Frühjahr 2013. Am 30. Juni, also vier Tage vor dem Putsch, erschien die erste Ausgabe. »Wir haben bewusst diesen Tag festgelegt, weil wir ahnten, dass bald etwas Grundlegendes passieren würde. In meinem ersten Leitartikel habe ich klargemacht, dass wir die Muslimbrüder und ihre Politik ablehnen, dass wir aber auch vom Militär keine Lösung der Probleme des Landes erwarten.« Dass ägyptische Leser der Qualität einer solche Online-Zeitung mehr vertrauen als den zensierten Printmedien des Landes, zeigen die Klickzahlen. Bis zur Internetsperre im Juni 2017 hatte *Mada Masr* durchschnittlich eine halbe Million Leser im Monat – ein Erfolg, von dem andere Politmagazine nur träumen können. Wie viele Menschen heute die Zeitung lesen, kann die Redaktion wegen des Embargos nicht feststellen. Davon lassen sich die Macher aber nicht beirren. Doch sie wissen, welches Risiko sie eingehen. Mehrfach wurden Redakteure verhaftet. Dann klopften meist morgens gegen halb fünf Uhr bewaffnete Polizisten an die Wohnungstür des Redakteurs, holten ihn aus dem Bett und verschleppten ihn wie einen Schwerverbrecher, ohne einen Haftbefehl vorgelegt zu haben. Die Familie erfuhr erst Tage später, wo er ist, wenn überhaupt. Einer der Redakteure sagte mir bei meinem Besuch: »Die Angst vor Verhaftung ist der Preis, den wir zahlen müssen für die Möglichkeit, hier arbeiten zu dürfen. Im Herbst, als es Massenverhaftungen gab, da hatte ich wirklich Angst. Aber wenn ich bei einer anderen Zeitung arbeiten würde, verlöre ich den Respekt vor mir selber.«

Auch die Redaktionsräume sind schon durchsucht worden. Mehrfach wurde Lina Attalah zusammen mit anderen Redakteuren festgenommen und in Handschellen abgeführt. Zuletzt im September 2022 zusammen mit vier Kolleginnen, nachdem *Mada Masr* einen Artikel über finanzielle Unregelmäßigkeiten einer dem Regime nahestehenden Partei veröffentlicht hatte. Gegen hohe Kautionen kamen sie wieder frei und warten nun auf ihre Prozesse. Schlimmstenfalls werden sie wegen »Verbreitung von Falschinformationen« zu hohe Gefängnisstrafen verurteilt.

Warum also ist es den jungen Aktivisten des Tahrirplatz wie Gamal Eid oder Lina Attalah nicht gelungen, eine solche Entwicklung abzuwenden? Warum konnte das Militär am Ende doch wieder ein autokratisches System errichten? Eine Antwort ist sicherlich: Die alte Elite aus Militär, Wirtschaft und Politik war nie verschwunden. Die Korruptesten hatten sich ins Ausland abgesetzt und kehrten erst nach dem Putsch im Juni 2013 zurück. Das im Land so hochangesehene Militär ging im Januar 2011 ein Scheinbündnis mit der Protestbewegung ein, um Mubarak loszuwerden. In Ägypten verfügen die Generäle seit Nassers Zeiten über eine Macht, von der ihre Kollegen in anderen Ländern nur träumen können.

Seit dem Jom-Kippur-Krieg 1973 hat die Ägyptische Armee zwar keine Schlachten mehr schlagen müssen, die Offiziere leben aber wie die Maden im Speck des Landes. Systematisch haben sie ihre Macht und ihre Privilegien ausgebaut. So waren alle Gouverneursposten mit ehemaligen Generälen besetzt worden. Das gleiche galt lange für die Kabinettsminister. Seit der Absetzung des Königs im Jahr 1952 haben die Streitkräfte vier Präsidenten gestellt. Und die Militärs sind mehr als nur tapfere Landesverteidiger. Sie sind auch gewiefte Geschäftsleute und Unternehmer mit einer breitgestreuten Produktpalette. Die Industrieunternehmen der Streitkräfte erwirtschaften heute bis zu 30 Prozent des Bruttosozialproduktes des Landes, ohne Steuern bezahlen zu müssen. Sie sind beteiligt oder Alleineigentümer an Unternehmen, die Lebensmittel herstellen, Olivenöl zum Beispiel, Milch oder Brot, für viele Ägypter Hauptnahrungsmittel und deswegen für die Militärs Bombengeschäfte ohne Risiko. Zementfabriken gehören ebenfalls zu dem Wirtschaftsimperium der Streitkräfte, auch Tankstellen und Hotels meist in bester Lage. Am Tourismus verdienen sie also mit. Außerdem sind die Generäle über ein Joint Venture an der ägyptischen Produktionsstätte der amerikanischen Autofirma *Jeep* beteiligt, die bei ägyptischen Mittelstandsbürgern beliebte Geländewagen herstellt. Ein Vermögen haben die Militärs auch mit Immobilien gemacht.

Was machen die Offiziere mit dem vielen Geld? Auch darüber gibt es keine wirklich verlässlichen Angaben. Nur so viel ist bekannt: Das ägyptische Offizierskorps gönnt sich luxuriöse Clubs und Hotels mit Swimming-Pools, umgeben von großen Palmenparks. Die Militärs haben eigene Einkaufszentren mit Waren, die man sonst nirgends im Land bekommt. Sie leben in eigens für sie gebauten Siedlungen, die von der Außenwelt abgeschirmt sind. Und natürlich reinvestieren die Streitkräfte ihre Gewinne. Allerdings machen sie gelegentlich auch horrende Verluste, wie etwa bei der Produktion eines amerikanischen Lizenzpanzers. Ihre Unternehmen sind aber nicht die einzigen Einnahmequellen dieses nicht zu kontrollierenden Staates im Staat. Die USA füttern ihn jedes Jahr mit 1,3 Milliarden US-Dollar. Wo das Geld bleibt, wissen nur die Generäle. Das Komitee des alten Parlaments, das die Militärausgaben begutachten sollte, war mehrheitlich mit Offizieren der Armee und der Polizei besetzt. Selbst über den Verteidigungshaushalt gibt es nur sehr vage Angaben – und Journalisten fragen nicht nach, weil es zu gefährlich werden könnte. Eine allzu energische Recherche rückt den Reporter in die Nähe von Spionage und könnte mit Gefängnis bestraft werden. Das war vor dem Sturz Mubaraks so, während des kurzen Urlaubs von der Diktatur ebenso und ganz besonders wieder nach dem Putsch.

Auch nach dem Sturz des Langzeitpräsidenten Mubarak wagte es niemand, ernsthaft die Macht der Generäle anzutasten. Sie blieben auf ihren Posten, der Oberste Militärrat der Armeeführung ernannte sich zur Interimsregierung. Selbst nach der Wahl des Muslimbruders Mohammed Mursi zum Präsidenten im Juni 2012 gaben sie die Kontrolle der Regierung nie vollständig in zivile Verantwortung. Schließlich waren sie fest entschlossen, das Rad der Geschichte wieder zurückzudrehen. Zusammen mit dem alten Beamtenapparat in der Verwaltung, den noch von Mubarak ernannten Obersten Richtern und den mächtigen Wirtschaftsbossen lähmten sie die Regierung, wo sie nur konnten. Mursi und seine Brüder rannten sich an dieser Betonmauer die Stirn blutig.

Währenddessen schossen die Lebenshaltungskosten immer weiter in die Höhe. Benzin war kaum noch zu bekommen, stundenlange Stromausfälle gehörten zur Tagesordnung. Aus Wasserleitungen in Badezimmern oder Küchen kam häufig statt Wasser nur ein Röcheln. Die staatliche Wasserversorgung hatte Mursi sprichwörtlich das Wasser abgegraben. Diebstähle und Überfälle nahmen zu. Das Vertrauen der Bevölkerung in die Reformer schwand schon Anfang 2012 spürbar, auch weil sich diese mehr untereinander stritten als Alltagsprobleme zu lösen. Stattdessen wuchs die Angst vor Armut und Anarchie – und damit der Ruf nach Law and Order. Die Ägypter wollten Brot und Bohnen auf dem Tisch und bezahlbares Benzin im Tank.

Den wirtschaftlichen Verfall des Landes hatte die alte Elite gezielt provoziert. Nach dem Putsch jedenfalls gab es plötzlich wieder Benzin, Strom, Brot und Bohnen. Ohnehin hatten die Jungrebellen bei den Bauern auf dem Land nur wenig Rückhalt. Bei einer Reise fragte ich einen Bauer nach der Verfassung. Er, der gerade auf einem schmalen Acker arbeitete, stützte sich auf seine Hacke, sah mich an, als zweifle er an meiner eigenen Verfassung, und fragte zurück: »Kriege ich mit dieser Verfassung meine Kinder satt?«

Vielleicht wäre es anders gekommen, hätten sich wenigstens die Säkularen mit den Islamisten auf eine gemeinsame politische Agenda geeinigt. Auf dem Tahrirplatz hatten tatsächlich noch die Unzufriedenen aller Klassen so etwas wie eine Einheitsfront gebildet. Arbeiter demonstrierten zusammen mit Angestellten, Taxifahrer mit Universitätsprofessoren, Säkulare mit Muslimbrüdern. Kaum hatten sie den verhassten Präsidenten im Februar 2011 gemeinsam verjagt, führten Eitelkeiten, Kompromissunfähigkeit und ideologische Streitereien zu einer vielfachen Spaltung der Opposition. Die im Land gut vernetzten Muslimbrüder berauschten sich an ihrer neuen Macht. Mit »gottlosen« Säkularen wollten sie nichts mehr zu tun haben. Stattdessen koalierten sie mit den Salafisten, ohne zu ahnen, dass diese ein doppeltes Spiel trieben. Die säkulare Opposition zerfiel zunehmend in viele kleine Parteien. Im frei gewählten Parlament blieben sie eine Minderheit. Das alte Regime freute sich natürlich über diese politische Selbstverstümmelung und förderte sie nach Kräften.

Allerdings wäre es unredlich, die Regierung Mursi allein für den desolaten Zustand des Landes verantwortlich zu machen. Der

Niedergang der ägyptischen Wirtschaft hatte schon weit vor 2011 begonnen. Den Muslimbrüdern gelang es nicht, ihn zu stoppen. Auch ein hochqualifizierter Wirtschaftspolitiker wäre vermutlich gescheitert. Dennoch wurden Rücktrittsforderungen immer lauter. Sie kamen nicht nur von der Parlamentsopposition und den alten Eliten. Auch junge Aktivisten probten wieder den Aufstand und sammelten Unterschriften gegen die Regierung. 22 Millionen Ägypter sollen im Frühjahr 2013 die Protestaufrufe gegen die Mursi-Regierung unterschrieben haben, verbreitete die nach dem Putsch gleichgeschaltete Presse. Diese Zahl sei viel zu hoch gegriffen, reine Propaganda, sagen unabhängige Beobachter, es seien deutlich weniger als die Hälfte gewesen. Unterstützt wurde die Bewegung, die sich Tamarod (Rebellion) nannte unter anderem von Ägyptens reichstem Mann, dem Unternehmer Naguib Sawiris. Gegen ihn hatte die Regierung Mursi ein Verfahren wegen Steuerhinterziehung in Millionenhöhe angestrengt. Auch die Vereinigten Arabischen Emirate hatten dafür gesorgt, dass die Streikkassen der »Jungrebellen« immer gut gefüllt waren, schließlich wollten sie wie schon anderthalb Jahre zuvor in Bahrain auch das Demokratieexperiment am Nil möglichst im Keim ersticken. Sie zogen da an einem Strang mit den ägyptischen Sicherheitsbehörden, mit denen die Tamarod-Bewegung eng zusammenarbeitete. Einige der Wortführer machten später unter dem Putsch-Präsidenten Karriere.

Am 3. Juli 2013 war es dann so weit. Verteidigungsminister Abd al-Fattah as-Sisi erklärte seinen Vorgesetzten, den Präsidenten Mohammed Mursi, für abgesetzt und ernannte sich selber zum Staatsoberhaupt. Die Muslimbruderschaft erklärte der neue Alleinherrscher zur Terrororganisation. Nicht viel besser erging es den Säkularen, obwohl sie anfangs sogar den Putsch offen unterstützt hatten. Es nützte ihnen nichts. Auch sie ließ as-Sisi festnehmen und zu langen Gefängnisstrafen verurteilen. Damit endete in Ägypten der Arabische Frühling, nach nur zweieinhalb Jahren.

> **Jasmin-Revolution in Tunesien**
> 58 % der Tunesier sagen heute, die Revolution sei gescheitert, 67 % sind der Meinung, die Lage des Landes sei heute schlechter als vor 2011 (Umfrage vom Dezember 2020). Auslöser der Unruhen von 2010 war die Selbstverbrennung des Gemüsehändlers Mohamed Bouazizi am 17.12.2010 in Sidi Bouzid. Es folgten Unruhen im ganzen Land, das Militär weigerte sich einzugreifen. Am 14.1.2011 floh die Familie des Diktators Ben Ali aus dem Land. Am 17.1.2011 wurde eine Übergangsregierung mit den Oppositionsparteien gebildet.

In Tunesien liefen die Dinge anders als in Ägypten. Nur zehn Tage hatte es gedauert, bis Zayn al-Abidin Ben Ali gestürzt und zusammen mit seiner Familie aus dem kleinen Land vertrieben war. Am 4. Januar war der verzweifelte Gemüsehändler Mohammed Bouazizi an den Folgen seiner Selbstverbrennung im Krankenhaus gestorben, mit der er am 17. Dezember 2010 in seiner Heimatstadt Sidi Bouzid ein letztes Zeichen gegen Polizeischikanen und Beamtenwillkür hatte setzen wollen. Immer wieder hatten Polizisten seinen Gemüsestand beschlagnahmt, weil er keine Verkaufsgenehmigung vorweisen konnte. Die Behörden verweigerten ihm die Lizenz, da er nicht genügend Geld hatte, um die Beamten zu bestechen. Der 28 Jahre alte Mohammed Bouazizi war der Einzige in seiner Familie, der wenigstens ein bisschen Geld nach Hause brachte. Doch bei jeder Polizeikontrolle nahmen die Beamten ihm seine Tageseinnahmen ab und steckten sie in die eigenen Taschen, verprügelten und demütigten ihn. Manchmal zerschlugen sie auch seinen Gemüsekarren. Daher diese verzweifelte Tat im Dezember, ein Appell an die Bewohner seiner kleinen Heimatstadt sollte es sein. »Seht, was sie mit mir machen. Ich kann es nicht länger ertragen!« Mehr nicht. Doch diese Selbstverbrennung wurde zu einem Fanal in der ganzen arabischen Welt.

Am 14. Januar entkam Ben Ali mit seinem raffgierigen Clan mit knapper Not aus Tunesien nach Saudi-Arabien. Die ganze arabische Welt starrte verwundert auf diesen kleinen Bruderstaat, der bis dahin nicht unbedingt zur politischen Avantgarde gehört hatte. Alle Regime beeilten sich zu versichern, ihr Land sei doch nicht Tunesien, ihr Land sei anders. Auch die Oppositionellen wollten nicht an eine Wiederholung der Geschichte glauben. Letztendlich hatte der Tod Bouazizis aber die Revolutionen in der arabischen Welt ausgelöst und damit das politische Erwachen im Nahen Osten. Die tragische Selbsttötung des Gemüsehändlers, der davon geträumt hatte, sich weiterzubilden, zeigt auch, wie morsch diese Systeme damals im Inneren war.

Lange galt dieses Mutterland der Revolution als Musterland. Zunächst schien den Aktivisten auch fast alles zu gelingen, nachdem sie Langzeitautokrat Ben Ali endlich erfolgreich aus dem Land vertrieben hatten. Es gab eine Interimsregierung, die die ersten freien Parlamentswahlen vorbereiteten, außerdem eine gemäßigte islamistische Partei, die *Ennahda*, die Glaubens- und Gewissensfreiheit sowie die Gleichstellung von Mann und Frau akzeptiert. 2013 schafften es Politiker sogar, einen blutig ausgetragenen Konflikt zwischen säkularen Parteien und den Islamisten beizulegen. Es war ein bewundernswerter Kraftakt, für den das erfolgreiche Dialogquartett aus Anwälten, Gewerkschaftern, Arbeitgebern und Menschenrechtlern mit dem Friedensnobelpreis ausgezeichnet wurde. Und schließlich sollte eine »Wahrheitskommission« die Vergangenheit des Landes unter den beiden Autokraten Bourguiba und Ben Ali aufarbeiten. Alles sollte auf den Tisch: Folter, Morde, Korruption. Gute Voraussetzungen also, so schien es zumindest, für eine Demokratisierung des Landes.

Doch wer geglaubt hatte, die gesamte Gesellschaft stelle sich hinter die Arbeit dieser wichtigen Kommission, sah sich getäuscht. Sie sollte alle Mittel zur Verfügung gestellt bekommen, um ihre wichtige Arbeit bestmöglich erfüllen zu können, denn es »kann keine nachhaltige Demokratie geben, wenn nicht die Fehler der Vergangenheit anerkannt und korrigiert werden«, hatte Staatspräsident Muncif al-Marzuki bei der Gründung gesagt. Doch schon sein Nachfolger behinderte die Recherchen der Kommissionsmitarbeiter, wo immer es ging. Er sperrte wichtige Polizeiarchive, erlaubte den Tätern, also ehemaligen Agenten des Sicherheitsapparates, regimetreuen Richtern oder korrupten Unternehmern, die Aussagen vor dem Komitee zu verweigern oder strich Gelder, um die Arbeit der Wahrheitsermittler zu lähmen.

Trotz aller Behinderungen konnte die tunesische Wahrheitskommission nach viereinhalb Jahre Anhörungen und Recherchen im März 2019 ihren Bericht vorlegen. Die Aufarbeitung der Folterpraktiken nimmt einen breiten Raum ein. Üblich waren Androhung von Vergewaltigung, Schläge auf Fußsohlen, Prügel mit Knüppeln, Elektroschocks oder Aufhängen von Häftlingen an der Decke. 62.720 Fälle konnte die Kommission dokumentieren. Allerdings hätte sie mehr Zeit gebraucht, um die Arbeit abzuschließen, klagt die Kommissionsvorsitzende Sihem Bensedrine. Immerhin konnte sie Opfer ausführlich anhören und Strafverfahren gegen fast 200 Täter einleiten. Die Justiz ging die Prozesse aber nur zögerlich an. Eine öffentliche Entschuldigung für das erlittene Unrecht blieb aus. Der Bericht der Kommission, so Bensedrine, ist von nur beschränkter Aussagekraft: »Wegen der Zeugnisverweigerung können wir bis heute nicht sagen, wer Spitzel war, wer für das Regime gearbeitet hatte. Stellen Sie sich vor, die Deutschen hätten nach der Wiedervereinigung die Stasi-Unterlagen nicht studieren können. Bei uns ist das so.«

So bleibt die tunesische Revolution, die 2010/2011 mit so viel Begeisterung begonnen hatte, eine unvollendete. Elf Jahre später steckt das Land in seiner schwersten Krise. Neun Regierungen haben seit 2011 versucht, das Land politisch, vor allem aber wirtschaftlich zu sanieren. Erreicht haben sie das Gegenteil. Die Staatsverschuldung betrug 2021 rund 82 Prozent und war damals so hoch wie nie zuvor. 2022 stieg sie sogar auf 87 Prozent und kann, so fürchten Experten, 2023 noch einmal nach oben klettern, auf fast 90 Prozent. Arbeitslosigkeit liegt bei mindestens 17 Prozent, unter jungen Tunesiern und Tunesierinnen nahe 40 Prozent mit Tendenz nach oben. Das heißt, es dauert nicht mehr lange, dann ist fast die Hälfte der tunesischen Jugend ohne Arbeit, Einkommen und Perspektive. Dabei hatte gerade sie 2011 für ein besseres Leben gekämpft. Kein Wunder also, dass sie wieder auf die Straßen geht. Die Kluft zwischen Arm und Reich ist noch größer als vor 2011. Die Inflation frisst Einkommen und Vermögen. Die Corona-Pandemie hatte diesen wirtschaftlichen Niedergang noch beschleunigt. Angesichts dieser Zahlen ist es kaum verwunderlich, dass die Tunesier den Glauben an Revolution und Demokratie verloren hatten.

Auch bei der Bekämpfung der weitverbreiteten Korruption sind die Parteien gescheitert. Sie stand zwar immer weit oben auf ihren Wahlprogrammen, tatsächlich aber ist es keiner der vielen Koalitionen gelungen, dieses Unwesen wenigstens einzudämmen. Im Gegenteil – während vor der Revolution nur die Herrscherfamilie Ben Ali und Beamte im Staatsapparat profitierten, sind heute Bestechung und Bestechlichkeit Plagen, die das ganze Volk in Geiselhaft halten. Korruption habe sich »demokratisiert«, hat der Rechtsanwalt und Leiter der Nationalen Anti-Korruptionsbehörde, Chawki Tabib, sarkastische festgestellt. Außerdem hat sich die Parteienlandschaft derartig zersplittert, dass es oft Monate dauert, ehe nach einer Wahl der vom Staatspräsidenten ernannte Ministerpräsident eine Regierung bilden kann, denn schließlich will auch noch die kleinste Partei möglichst hohe Posten im Regierungsapparat abbekommen.

Inzwischen wird das Land sogar wieder von einem Kryptoautokraten regiert. Angesichts des Polit-Chaos zog im Juni 2021 der anderthalb Jahre zuvor gewählte Präsident des Landes, Kais Saied, die Notbremse. Kurzerhand setzte er den Ministerpräsidenten wegen Unfähigkeit ab, suspendierte das Parlament, bevor er es im Frühjahr 2022 ganz auflöste. Im Herbst 2021 annullierte er die Verfassung und regiert seitdem per Erlass. Von Putsch und Staatsstreich sprechen seine Gegner wie die *Ennahda*-Partei. Der Juraprofessor selber behauptet, er habe die Pflicht, den öffentlichen Dienst zu säubern. Dabei macht er selbst vor der Justiz nicht halt. Anfang Mai 2022 entließ er 57 unbequeme Richter. Der Vorwurf: Korruption, sexuelle Belästigung, Terrorismus.

Kais Saied selber ist stockkonservativ, hält nicht allzu viel von Gleichberechtigung, von Homosexuellen schon gar nichts, befürwortet die Todesstrafe und will das islamische Recht zur Grundlage der Gesetzgebung machen. Er ist also alles andere als ein liberaler Geist. Dennoch hatten ihn im Herbst 2019 hauptsächlich junge Tunesier gewählt. Offensichtlich hielten sie ihn für das kleinere Übel angesichts der Politversager der vergangenen zehn Jahre.

Am 25. Juli 2022 ließ er die Tunesier über eine eilig zusammengeschusterte Verfassung abstimmen, die ihm als Präsidenten enorme Vollmachten gibt. So sind Justiz und Regierung ihm unterstellt. 94,6 Prozent der Tunesier stimmten für diese nun drohende »Ein-Mann-Demokratie«, allerdings bei einer lächerlich geringen Wahlbeteiligung. Weniger als ein Drittel aller Wahlberechtigten waren zu den Urnen gegangen. Damit endete die Jasmin-Revolution in Tunesien, der es zehn Jahre zuvor gelungen war einen Alleinherrscher zu entmachten. Seit diesem Referendum hat der Präsident wieder alle Macht an sich gerissen. Ohne Zustimmung des Parlaments kann er den Ausnahmezustand verhängen. Ist er mit den Volksvertretern oder der Regierung nicht zufrieden, kann er sie entlassen. Die obersten Richter werden in Zukunft von ihm ernannt. Mit anderen Worten: Die Gewaltenteilung ist aufgehoben, desgleichen die Unabhängigkeit der Justiz.

Das Regime in Kairo wird diese politische Selbstkastration mit Freude zur Kenntnis genommen haben, schließlich ist nun auch das Land, in dem 2010/11 alles begonnen hatte, auf dem Weg zurück in den Schoß der arabischen Autokraten, sogar freiwillig per Referendum. Besser kann es für as-Sisi & Co nicht laufen. Es ist eine bittere Niederlage für die wenigen in Ägypten noch aktiven Menschenrechtsanwälte wie beispielsweise Gamal Eid. Er hatte sich vorgenommen, seine Arbeit erst dann einzustellen, wenn gar nichts mehr ginge. Im Januar 2022 war es so weit. Er werde sein *Arabisches Netzwerk für Menschenrechtsinformation* schließen, teilte er in einer Presseerklärung mit. Die Polizei hatte wiederholt ihn und seine Mitarbeiter angegriffen und eingeschüchtert. Außerdem verbietet ein neues Gesetz, dass sich NGOs um Pressefreiheit oder politische Gefangene kümmern. »Dem konnten wir uns nicht beugen«, erklärte Gamal, in Menschenrechtsfragen könne es keine Kompromisse geben. Nach fast zwanzig Jahren Arbeit endete damit die Geschichte der von ihm und anderen Anwälten 2004 gegründeten Menschenrechtsorganisation. Spätestens jetzt endet auch – zumindest einstweilen – die Arabellion.

# Muslimbrüder, Salafisten & Co.

Bei einer meiner Reisen nach Riad hatte ich die Gelegenheit, Mansour al-Nukeidan zu interviewen, ein Saudi, der sich einst vom terrorbereiten Salafisten zum islamkritischen Säkularen gewandelt hatte. Als Jugendlicher hatte er sich gewaltbereiten Glaubensfanatikern angeschlossen, später sich aber von ihnen gelöst. Das staatliche Presseamt hatte den Kontakt zu ihm vermittelt, wohl um das eigene Image aufzupolieren. Schließlich war das Königreich nach den New Yorker Anschlägen vom 11. September 2001 immer wieder beschuldigt worden, zu wenig gegen Terroristen vorzugehen. 15 der 19 Al-Qaida-Attentäter stammten aus dem Wüstenstaat. Da kommt ein reuiger Terrorist wie al-Nukeidan gerade recht als Beleg für erfolgreiche Anti-Terrorarbeit.

Schon als Jugendlicher habe er sich, so erzählte er, nach der reinen Lehre des Islam gesehnt, verachtete daher die Konsumgier seiner Landsleute, denen die Malls mit der neuesten Elektronik wichtiger waren als die Moscheen mit ihren Ewigkeitsbotschaften. Demonstrativ verließ er seine Familie und zog sich in eine selbstgebaute Lehmhütte zurück, um dort ein Leben zu führen wie zu Zeiten des Propheten. Fromm, einfach, mit totaler Hingabe an Gott, streng nach den Regeln des Koran. Gut und Böse klar voneinander zu trennen, lernte er von den Imamen. Göttliche Gesetze stünden über allem, predigten sie. Ein schlichtes Weltbild, das ihm aber Sicherheit und Orientierung gab: »Der Islamismus ist wie ein geschützter Hafen in einer aufgewühlten Welt«, erklärt er seine damalige Faszination: »Einmal infiziert, kann man sich kaum von dieser Heilslehre lösen. Diese Ideologie gaukelt dir vor, dass es eine heile, eine perfekte Welt gibt. Die Urväter des Islam hatten angeblich schon vor 1.300 Jahren alle Antworten auf die Fragen von heute.«

Um diese reine Welt aufzubauen, müsse zunächst alles Fremde zerstört werden, brachten ihm seine Wahhabiten-Demagogen bei.

Hass und Intoleranz waren Markenkerne ihrer Predigten: »Wir waren bereit, uns für Gott zu opfern. Wir dachten, wir tragen diese Idee einer besseren Welt in uns und wollten die existierende Welt von all ihren Fehlern reinigen, um sie in unsere Utopie zu verwandeln.« Als dann im Sommer 1990 nach der Besetzung Kuweits durch den Irak US-amerikanische Truppen in Saudi-Arabien aufmarschierten, geiferten seine Lehrer in den Moscheen: »Ungläubige auf heiligem Boden! Unverschleierte Frauen! Auch noch Soldatinnen! Einen schlimmeren Verstoß gegen die Gebote Gottes kann es nicht geben.« Jetzt helfe nur noch Gewalt, sagte er sich, und schloss sich mit Gleichgesinnten zusammen. Aus dem betenden Frömmler wurde ein bombenlegender Fanatiker. 1991 warfen er und seine Freunde Brandsätze in Videotheken der saudischen Hauptstadt. In seiner Heimatstadt Buraidah griff er mit Brandsätzen ein Frauenzentrum an, für ihn ein Symbol der Sünde einer von Gott entfremdeten Gesellschaft. Getötet wurde niemand, der Sachschaden war aber beträchtlich. Drei Jahre Gefängnis lautete das Urteil. Hinter Gittern dämmerte es ihm allmählich, dass er vielleicht doch einen falschen Weg eingeschlagen hatte.

Wäre Mansour al-Nukeidan in Ägypten aufgewachsen, hätte er sich vermutlich den Muslimbrüdern angeschlossen und nicht wahhabitischen Djihadisten. Beides sind radikale Richtungen des sunnitischen Islam. Beide behaupten, die reine Lehre zu vertreten. Beide kämpfen für einen Staat, in dem ausschließlich die Gesetze des Koran und der Sharia gelten. Dennoch unterscheiden sie sich deutlich, beschimpfen sich gelegentlich gegenseitig als Abweichler und Apostaten.

Als Salafist war Mansour schon an seinem äußeren Erscheinungsbild leicht zu erkennen. Weiße, knapp oberhalb der Fußknöchel endende Langhemden, die Galabiya, nicht gestutzter ziemlich ungepflegter Bart, die Haare mit der Gebetsmütze bedeckt oder mit einem karierten Tuch. Als Muslimbruder in Ägypten hätte er hingegen wohl Hose und Jackett getragen, darunter ein weißes Hemd mit dunkler Krawatte. Sein Vollbart wäre gestutzt und gepflegt. So ungefähr sieht die bürgerlich anmutende Einheitstracht der Funktionäre der Muslimbruderschaft aus: in westlicher Aufmachung gegen den Westen. Schon ihr Stammvater, Hassan al-Banna, hatte sich häufig in Anzug und Krawatte ablichten lassen. 1928 hatte dieser Dorfschullehrer die Muslimbruderschaft gegründet als geistige Trutzburg gegen die englischen Kolonialherren und ihre Vasallen, den ägyptischen König und seiner Gefolgschaft, als Brandmauer gegen den Import westlicher Werte, als Hüterin des wörtlich zu verstehenden Islam – eine ähnliche Überzeugung, wie sie auch die Salafisten verkünden. Dennoch gibt es wichtige Unterschiede. Während Salafisten bedingungslose Unterwerfung unter Sharia und Koran fordern, ohne jeden Abstrich, sind Muslimbrüder offener für die Fährnisse des Alltages und erlauben, wenn auch in engem Spielraum, eine eigene pragmatische Interpretation der Religionsregeln. Will ein Fellache ein Gebet auslassen, weil die Bohnenernte vorgeht oder er seine Felder bewässern muss, drücken sie schon mal ein Auge zu. Lässliche Sünden also für Muslimbrüder, nicht aber für halsstarrige Salafisten. Ihr oberstes Gesetz: Gott geht vor, egal was kommt! Dennoch, auch die von Hassan al-Banna formulierten Grundsätze der Muslimbrüder sind unmissverständlich: »Gott ist unser Ziel. Der Prophet ist unser Führer. Der Koran ist unsere Verfassung. Der Djihad ist unser Weg. Der Tod für Gott ist unser nobelster Wunsch.«

In westlichen Ohren klingen solche Leitsätze bedrohlich. Tatsächlich hatte die Bruderschaft Mitte der Siebzigerjahre im vergangenen Jahrhundert jeder Form von Gewalt abgeschworen, sich allerdings nie von einem ihrer radikalsten Vordenker distanziert, von Sayyid Qutb, der in seinem Buch *Wegmarken* zum bewaffneten Widerstand gegen alle vom Glauben Abgefallene aufgerufen hatte. Einflüsse aus den westlichen Ländern verfälschten den Glauben und müssten, wenn nötig, auch mit Gewalt bekämpft werden, ebenso vom Glauben Abgefallene. Dazu rechnete er auch Regierungen wie die Nassers. Sein Buch sollte zum Leitfaden der Djihadisten werden. Al-Qaida beruft sich auf diese Schrift genauso die im Gaza-Streifen regierende Hamas, deren Geburtshelfer die ägyptischen Muslimbrüder sind. Für die Europäische Union, die USA und

Israel sind all diese Organisationen nichts als Extremisten, wenn nicht gar Terroristen.

Doch die große Mehrheit der Ägypter erlebten die frommen Brüder ganz anders. Besonders bei den Armen waren sie beliebt, denn wer als Kranker keinen Arzt bezahlen konnte, war auf die miserablen Krankenhäuser des Staates angewiesen. Selbst dort musste er dem Arzt erst einmal einen Umschlag mit Geld zustecken. Wer kein Geld hatte für Brot und Bohnen, musste eben hungern. Von den Regierungen kam keine Hilfe. Dieses Staatsversagen hatte die Muslimbruderschaft schon in den Siebzigerjahren als große Chance entdeckt. In eigenen Gesundheitszentren machte sie bezahlbare Behandlung möglich. Sie verteilte kostenloses Essen, unterstützte arme Familien, kaufte zum Beispiel bei Schulbeginn Stifte und Hefte für die Kinder. In öffentlichen Bussen häufig belästigten Studentinnen bot sie geschützte Transporte zu den Universitäten an. Einzige Bedingung: Sie mussten ein Kopftuch tragen. Die Muslimbrüder waren fast immer zur Stelle, wenn irgendwo Not im Land herrschte. So gelang es ihnen, ein dichtes Netz aus Moscheen, Hilfsorganisationen und Sozialeinrichtungen über das Land zu spannen, was ihnen später bei den Wahlen 2011 und 2012 die enormen Erfolge sichern sollte. Nach einem Erdbeben in Kairo bauten die Brüder noch in der gleichen Nacht Zelte auf für Bewohner, deren Häuser zerstört worden waren, schafften Lebensmittel heran, Ärzte versorgten Verletzte. Die Regierung schickte erst nach Tagen Hilfe. Der Mubarak-Staat duldete die Aktivitäten der verbotenen Brüder, solange sie sich auf Wohltätigkeit beschränkten, schlug aber immer dann mit Härte zu, wenn sie sich zu weit aus der Deckung wagten und aus der Wohlfahrt Wahlkampf machten.

**Muslimbrüder**
1928 von Hassan al-Banna gegründet, sunnitische Bewegung. Die Mitglieder schwören einen Treueid auf Gott und versprechen, ihr Leben in den Dienst des Islam zu stellen. Absoluter

> Gehorsam gegenüber der Führung. 1948 ca. 500.000 Mitglieder. Geheimer Militärapparat. Unter Nasser verboten und eingesperrt. Sayyid Qutb als radikalster Vertreter mit seinem Buch *Wegmarken*. Er wurde 1966 hingerichtet. Seit den Siebzigerjahren Absage an Gewalt, gewaltfreier Kampf durch Sozialarbeit, Duldung unter Sadat, Wahlerfolge unter Mubarak als sogenannte unabhängige Kandidaten. Beteiligung am Aufstand im Januar 2011. Im Juni 2012 wurde in freien Wahlen Mohammed Mursi als erster Präsident gewählt, im Juni 2013 weggeputscht. Seitdem ist die Muslimbruderschaft in Ägypten verboten und wird verfolgt.

Die streng hierarchisch organisierte Bruderschaft lässt so etwas wie innerparteiliche Demokratie nicht zu. Mitglied kann nur werden, wer blinden Gehorsam und Unterwerfung schwört. Wer die Bruderschaft verlässt, wird schnell diffamiert und in der Öffentlichkeit bloßgestellt, erzählte mir ein Ex-Bruder, Abd al-Galil al-Scharnubi, der lange für den späteren Präsidenten Mohammed Mursi in der Parteizentrale gearbeitet hatte. Als er während des Arabischen Frühlings erleben musste, mit welchen Mitteln seine Brüder gegen Andersdenkende vorgingen, entschloss er sich, ihnen den Rücken zukehren: »Mursi hatte zunächst angeordnet, wir beteiligen uns nicht, wir wissen nicht, wohin das führt. Einige Muslimbrüder beschimpften die Demonstranten anfangs sogar als Verräter. Später haben sie dann eng mit dem Militär zusammengearbeitet. Ihre eigenen Interessen und Ziele sind ihnen wichtiger als die der Nation und der Tahrirplatz-Bewegung.«

Al-Scharnubi betreute im Januar 2011 die Internetpräsenz der frommen Brüder und hätte gerne auf ihrer Webseite zur Unterstützung aufgerufen. Doch sein Vorgesetzter Mohammed Mursi, der seit Anfang 2000 zum engen Führungskreis der muslimischen Bruderschaft gehörte, verbot es. Der Koran fordere Gehorsam gegenüber der Obrigkeit, hieß es. Eine solche Rebellion käme für sie nicht in Frage. Als er diese Argumente hörte, warf al-Scharnubi die Brocken hin und trat aus der Bruderschaft aus. Leicht war ihm dieser Schritt nicht gefallen, schließlich hatte er der illegalen Organisation 23 Jahre angehört, hatte Höhen und Tiefen mitgemacht, die Angst vor Verhaftung erlebt, im Koranunterricht die Gemeinschaft Gleichaltriger genossen, aber auch allmählich eine tiefe Abneigung gegen den autoritären Führungsstil der Bruderschaft entwickelt: »Es gibt in der Muslimbruderschaft nur Gehorsam. Was die Spitze anordnet, muss getan werden. Fragen oder Diskussionen sind undenkbar und unerwünscht. Sie stellen ihre Interessen über die ihres Landes oder ihrer Mitmenschen.«

So das zweifellos harte Urteil des Ex-Bruders Al-Scharnubi, vielleicht zu hart. Aber er ist nicht allein mit dieser Einschätzung. Gefährlich für die Zukunft des Landes war, so die Sorge vieler Säkularer, dass Islamisten kein liberales und freiheitliches Klima zulassen wollten, ob als Kulturwarte, die Kunst auf Korantauglichkeit überprüften und sich auch nicht scheuten, 2012 eine liberal denkende Direktorin der Kairoer Oper zu entlassen, ob als Sittenwächter, die auch die letzte Frau unter das Kopftuch zwingen wollten, ob als »Religionspolizisten«, die die Kopten drangsalieren. So auch mehrfach 2011 und 2012 geschehen. Außerdem versuchten sie, möglichst viel Freisinniges als dekadent, verwestlicht, sogar als zionistisch zu verteufeln.

Dissident Abd al-Galil al-Scharnubi war seit seinem 14. Lebensjahr Mitglied gewesen:

»Kinder wie ich wurden von ihnen einer regelrechten Gehirnwäsche unterzogen. Sie haben mich bestraft, wenn sie glaubten, ich hätte einen Fehler gemacht, sie haben mich belohnt, wenn ich alles genau nachgebetet habe. Wir sollten möglichst wenig Kontakt zu Nichtmitgliedern haben, haben daher versucht uns alles zu bieten. Sie haben uns ein Gemeinschaftsgefühl und Anerkennung gegeben. Wir haben uns ernstgenommen gefühlt, als ob wir kleine Erwachsene wären. So etwas hatten wir in unserem Dorf nie erlebt. Für uns Heranwachsende war das damals wunderbar.«

Im Januar 2011 bekam er das hässliche Gesicht dieser Kaderorganisation zu sehen. Der Kommandostil seines Vorgesetzten Mohammed Mursi stieß ihn zunehmend ab, besonders seit er, Scharnubi, auf dem Tahrirplatz bei den säkularen Rebellen eine ungewöhnlich freie und brüderliche Atmosphäre erlebt hatte. »Aber wer sich den Muslimbrüdern zu entziehen versucht«, so der 2012 38 Jahre alte Scharnubi, »der riskiert, fertiggemacht zu werden. Als bekannt wurde, dass ich austreten will, haben sie eine Kampagne gegen mich gestartet. Sie haben in meinem Heimatdorf verbreitet, ich sei vom Glauben abgefallen, tränke Alkohol. Meiner Frau haben sie gesagt, ich ginge zu Prostituierten.« Als er mir dies 2012 in einem Kaffeehaus in Kairo erzählte, ließ er die Tür keinen Moment aus dem Blick. »Ich habe Angst. Sie haben mir gedroht. Vor ein paar Tagen haben mich zwei Bewaffnete angehalten. Als zufällig andere Männer dazukam, sind sie abgehauen.«

Wie aber hält es eine solche nach dem Führerprinzip aufgebaute Bewegung mit Wahlen, Parlament und Mehrheitsentscheidungen? In Ländern wie Ägypten, Marokko, Jordanien oder Tunesien haben sie sich an Parlamentswahlen beteiligt. In Ägypten traten erstmals 1984 als unabhängige Kandidaten getarnte Muslimbrüder an. 2005 wurden sie sogar stärkste Oppositionskraft im von der Staatspartei dominierten Parlament. Nach dem Sturz Mubaraks wurde 2012 ihr Kandidat Mohammed Mursi zum Präsidenten gewählt. Sich regelmäßig den Wählern zu stellen und gegebenenfalls die Macht abzugeben, hatten sie wiederholt versprochen. Doch ihr Verfassungsentwurf, den sie zusammen mit Salafisten im Parlament durchzupeitschen versuchten, war kein liberal-demokratischer. Die Sharia sollte die Grundlage der Gesetzgebung sein, was die Freiheitsrechte der Frauen erheblich eingeschränkt hätte. Auch die öffentliche Moral sollte strikten Regeln unterworfen werden. Von der Idee eines religiös dominierten Staates hatten sich die Muslimbrüder also nicht verabschiedet. Insofern ist der Verdacht durchaus naheliegend, dass demokratische Spielregeln für sie nur ein Hebel zur Macht waren.

**Muslimbruder-Parteien**
Jordanien: *Islamic Actionfront*, 7,7 % der Sitze im Parlament (letzte Wahl 2016)
Tunesien: *Ennahda*, 20 % der Parlamentssitze, Parlament aufgelöst
Algerien: *Hamas*, 9,7 % im Jahr 2007, seither keine Wahlen mehr
Marokko: *Partei für Gerechtigkeit und Entwicklung*, bei den Wahlen 2021 hohe Verluste, nur noch 12 % statt zuvor fast 50 %
Gaza: *Hamas*, 56,8 % bei Wahlen im Jahr 2006, seither keine Wahlen mehr
In Ägypten sowie in den Golfstaaten und in Syrien ist die Muslimbrüderschaft verboten.

Salafisten und ganz besonders Djihadisten lehnen demokratische Modelle ab. Dass die salafistische *Partei des Lichts* in Ägypten 2012 mit 28 Prozent einen beachtlichen Wahlerfolg eingefahren hatte und auch heute noch von as-Sisis Gnade mit sieben Abgeordneten vertreten ist, ist kein Gegenbeweis. Ihrem Selbstverständnis nach kann es eigentlich keine von Menschen gemachte Gesetze geben; ein Parlament braucht es daher nicht. Allein die Gesetze Gottes sind gültig, so die reine Lehre. Den Putschpräsidenten zu unterstützen, bereitet ihnen dennoch keine Kopfschmerzen, obwohl sie damit genau genommen gegen eigene Regeln verstoßen. Das aber hindert diese as-Sisi-Salafisten nicht daran, sich dem Regime anzudienen.

Der Urvater der Salafisten ist jener Muhammad Ibn Abd al-Wahhab, der sich im 18. Jahrhundert mit dem Stamm der Sauds zusammengeschlossen hatte, um seine Lehre zu verbreiten. Er forderte die Rückkehr zur Lebensform der ersten islamischen Gemeinden. Nur wer diese »frommen Altvorderen« (Salafis) nachahme, wer den Koran wörtlich nehme und versuche, die islamischen Vorschriften und Regeln buchstabengetreu zu befolgen, sei ein wahrer Muslim, so seine Lehre. In Saudi-Arabien wurde sie zur Staatsreligion. Angehörige anderer islamischer Richtungen wie Schiiten, Sufis oder liberale Muslime lehnen sie als vom Glauben Abgefallene ab. Jede Abweichung muss streng bestraft werden.

Bei dem Ex-Terroristen Mansour al-Nukeidan wuchsen jedenfalls allmählich Zweifel an der verbohrten Lehre des Wahhabismus. Mit 26 Jahren, so schreibt er in einem 2007 in der *Washington Post* publizierten Lebensbekenntnis, seien ihm endgültig die Augen aufgegangen: »Ich sah islamische Richter, die die Folterspuren meiner Gefängniskameraden ignorierten. Ich erfuhr von islamischen Lehrern, die ihre Schüler belästigten. Ich hörte, wie fanatische Muslime, die niemals die fünf täglichen Gebete versäumten, mit Leichtigkeit aber Menschen belogen, die ihre extremistischen Überzeugungen nicht teilten.« Seine Analysen und Anklagen brachten ihm Todesdrohungen ein, Freunde verließen ihn, er wurde strafversetzt. Später bekam er sogar Berufsverbot in Saudi-Arabien.

Zwar träumen die hartherzigen Weltverbesserer von *back to the roots*, haben daher zu moderner Technik ein eher gespaltenes Verhältnis. Statt Zahnbürsten benutzen sie zum Beispiel lieber die *Miswak*, ein an einem Ende ausgefranstes Hölzchen eines bestimmten Baumes. Der Prophet habe es auch so gemacht. Doch weniger geschichtsbewusst sind sie bei der Wahl der Waffen. Statt zu Schwert, Pfeil und Bogen, mit denen einst die Heerscharen Mohammeds ausgerüstet waren, greifen sie bei Anschlägen lieber zu Kalaschnikow und Dynamit. Auch die sozialen Medien haben sie als wirkungsvolles Propagandainstrument für sich entdeckt. Im Internet missionieren sie, hetzen gegen Israel oder Homosexuelle oder beantworten über die gerade bei Jugendlichen sehr beliebten Plattform *TikTok* Lebensfragen wie Händchenhalten vor der Ehe (auf keinen Fall!) oder Kopftuchtragen (mindestens, besser ganz verschleiert!). Salafisten sind also mehr als nur weltabgewandte Frömmler. Sie wissen, wie man Jugendliche ansprechen muss, bieten ihnen eine neue Heimat, eine scheinbar heile Welt Gleichgesinnter in einer geschlossenen Gemeinschaft mit festen Regeln. Dass sie auch in Deutschland von orientierungslosen und haltsuchenden jungen Menschen gehört wurden, haben in vergangenen

Jahren unter anderem Verfassungsschutz und Kirchen besorgt registriert. Sie haben außerdem beobachtet, dass etliche dieser Angeworbenen sich auf den Weg nach Syrien gemacht hatten, um sich der Terrormiliz *Islamischer Staat* (IS) anzuschließen.

Schon angesichts dieser wachsenden Begeisterung für die Terroristen hätten bei westlichen Politikern und Geheimdienstlern die Alarmsirenen anspringen müssen. Außerdem war das allmähliche Erstarken des IS in Syrien und im Irak unübersehbar. Doch die Außenpolitiker waren 2014 augenscheinlich zu sehr mit der Ukraine-Krise und Krimbesetzung beschäftigt und dachten wohl, die Sache mit diesen arabischen Djihadisten werde sich von selbst erledigen. Noch im Januar hatte US-Präsident Barack Obama in einem Interview mit dem Magazin *The New Yorker* abgewiegelt. Auf die Frage, ob der IS eine Gefahr für Syrien oder den Irak oder gar für die USA sei, hatte er geantwortet: Diese Terroristen erreichten höchstens das Niveau einer Schülermannschaft. Al-Qaida spiele in der Ersten Liga des internationalen Terrorismus. Den IS könne man vergessen. Ein halbes Jahr später war aus dieser vermeintlichen Schülermannschaft der Weltmeister geworden.

Ob die CIA diese Terrorasse tatsächlich als eine Art Kirmestruppe des Djihad eingeschätzt hatte, wissen wir nicht. Tatsächlich hatte der IS ab 2013 in Syrien immer grausamer gewütet und sich schon damals auf YouTube mit Geköpften und Gekreuzigten gebrüstet wie ein deutscher Fußballverein mit seinen Pokalen. Jeder, der es wissen wollte, musste nur googeln, um zu erfahren, wes Geistes Kind diese Gotteskrieger sind und was von ihnen noch zu erwarten ist. Sowohl der amerikanische Außenminister wie auch alle seine europäischen Kollegen sollten eigentlich von ihren Geheimdiensten informiert gewesen sein, dass zumindest ein Teil der Topterroristen über das NATO-Mitglied Türkei nach Syrien einreiste. Das Kanonenfutter dieser Alptraumkrieger, die Möchtegern-Djihadisten aus Europa, nahm ohnehin diesen Weg nach Syrien, ohne von türkischen Sicherheitskräften gehindert zu werden. Verletzte IS-Djihadisten wurden über die Grenze in die Türkei transportiert und dort von Ärzten in türkischen Krankenhäusern operiert. Außerdem soll der türkische Geheimdienst MIT islamistische Milizen in Syrien mit Waffen und Munition versorgt haben, behauptet zumindest der renommierte im deutschen Exil lebende türkische Journalist Can Dündar.

**Islamischer Staat**
*Oktober 2004:* Al-Qaida im Zweistromland unter Abu Musab al-Zarkawi. Anschläge im Raum Bagdad gegen US-Soldaten und irakische Staatbeamte; Geiseltötungen.
*2007:* Autobomben und Selbstmordattentate mit ca. 1.900 Toten.
*Mai 2010:* Abu Bakr al-Bagdadi zum Führer ernannt. In den folgenden Jahren tausende Tote durch Anschläge.
*Oktober 2011:* Umbenennung in ISIS (Islamischer Staat im Irak und Syrien). Anschläge gegen Schiiten mit über 400 Toten.
*2013:* Kontrolliert immer mehr Gebiete in Syrien und im Irak. Anschläge hauptsächlich gegen Schiiten in Damaskus und Bagdad. Auch gegen andere Oppositionsmilizen in Syrien wie Freie Syrische Armee oder kurdische Milizen.
*2014:* Umbenennung in IS (Islamischer Staat). Beginnt in seinem Herrschaftsgebiet quasistaatliche Strukturen aufzubauen (Verwaltung, Steuereintreibung, Religionspolizei, Sozialsystem). Truppenstärke im Irak (vermutlich) bis zu 10.000, in Syrien 6.000. Blitzoffensive im Nordirak, Eroberung der Städte Mosul und Tikrit. Phase der größten Ausdehnung. Versklavung der Jesiden.
*2015:* Gegenoffensive durch Irak unterstützt durch USA. Beteiligung der Türkei. IS zerstört wertvolle Kulturdenkmäler. Russland verlegt Truppen nach Syrien, angeblich um IS zu bekämpfen.
*2017:* Rückeroberung Mosuls.
Auch heute noch zahlreiche Anschläge eines aus dem Untergrund operierenden IS.

Der sogenannte Islamische Staat ist zweifellos die im Westen bekannteste Terrororganisation. Für diesen Bekanntheitsgrad sorgte unter anderem eine eigene Medienabteilung, deren einzige Aufgabe es war, im Internet die Botschaft des IS zu verbreiten. So schreckten diese Pressesprecher des Terrors nicht davor zurück, die schier grenzenlose Brutalität ihrer Terrororganisation in Videos öffentlich zu machen. Ein genauerer Blick auf diese Terrorbande lohnt sich: 2014 schien es, als seien sie vom Himmel gefallen, als ihre Krieger in Syrien und im Irak losstürmten und in kürzester Zeit die von den Amerikanern hochgerüstet Armee des Zweistromlandes ausschalteten.

Schon ihr Äußeres sollte Angst und Schrecken verbreiten. Ganz in Schwarz treten sie auf: schwarze Jeans und schwarze T-Shirts, die meist jungen Gesichter hinter schwarzen Tüchern vermummt, die Kalaschnikow über der Schulter, am Gürtel Handgranaten. So gockelten sie blasiert durch die von ihnen eroberten Dörfer. Muckte einer der Bewohner auf, wurde er kurzerhand hingerichtet – öffentlich. Der Bevölkerung blieb nichts anderes übrig, als sich zu unterwerfen, wollte sie überleben. Widerstand war zwecklos. Getrieben von blindem Fanatismus und wildem Hass vor allem auf den Westen fühlten sich diese Krieger berufen, einen Gottesstaat zu errichten, den sie durch Terror und Gewalt den Menschen aufzwangen.

Je mächtiger Djihadisten werden, desto mehr Zulauf haben sie. Als der IS im Jahr 2015 ein Gebiet der Fläche Großbritanniens kontrollierte, hatte er keinerlei Nachwuchssorgen mehr. Im Gegenteil: Jungterroristen aus aller Welt rannten ihm die Bude ein. Als Lockstoff verkündeten die IS-Propagandisten Lügengeschichten, wonach moderne Kreuzritter aus dem Westen Muslime verfolgten und die Unterwerfung der islamischen Welt planten. Als Beweis verwiesen sie auf westliche Militärinterventionen oder die Besatzungspolitik Israels im Westjordanland, die für sie ein willkommener Brandbeschleuniger gewesen sein muss.

Mit ihren Gegnern kannten sie keine Gnade. Und Feind war letztlich jeder, der sich ihnen nicht sofort unterwarf. Dazu gehören grundsätzlich alle Andersgläubige wie Schiiten, Christen oder Jesiden, aber auch gemäßigte Sunniten und ohnehin alles, was aus dem Westen kommt oder mit ihm verbündet war. Letztendlich also jeder, der nicht sofort ihre Befehle befolgte, wie zum Beispiel ein Händler, der nicht rechtzeitig zu den Gebetszeiten sein Geschäft geschlossen hatte, oder eine Frau, die nicht nach ihren Vorstellungen korrekt verschleiert war. Zu ihren Strafen gehörten in solchen Fällen öffentliches Auspeitschen. Sie mordeten, folterten und inszenierten öffentliche Hinrichtungen. Einen syrischen Lehrer etwa, der westliche Journalisten im syrischen Rebellengebiet begleitet hatte, klagten sie wegen Spionage für die USA an, folterten ihn mit Elektroschocks und verurteilten ihn zum Tode. Mit knapper Not konnte er sich aus ihrem Gefängnis befreien und in die nahe Türkei fliehen.

Dort wo der IS herrschte, errichtete er ein Terrorregime. Die Jesiden, eine eigene Religionsgemeinschaft im Norden des Irak, überfielen diese Terrroristen, töten die Männer und verkauften Frauen und junge Mädchen auf öffentlichen Marktplätzen, ebenso Kinder, die bei ihrem neuen Besitzer als Arbeitssklaven schuften mussten. Nichts von dem, was sie anderen Menschen antaten, ist durch den Koran gedeckt. Auch Andersgläubigen sollen Muslime respektvoll beggegnen, so die Vorschrift. Für die IS-Zeloten ist dies aber kein Widerspruch zu ihrem Fernziel: ein Gottesstaat, der vom Irak über Syrien bis ans Mittelmeer einschließlich dem Libanon und Jordanien reicht. Israel hat in ihren Augen »natürlich« keine Existenzberechtigung. Juden sollten ins Meer getrieben werden. Und diesem Horrorszenario waren sie 2014/2015 ein erschreckendes Stück nähergekommen. Zeitweilig kontrollierten sie ein Gebiet in Syrien und dem Irak von der Ausdehnung Großbritanniens. Für kurze Zeit mussten fünf Millionen Menschen dieses Terrorregime erdulden. Frauen dürfen ihr Haus nicht ohne den Niqab (Ganzkörperschleier) verlassen. Werden sie ohne ihn erwischt, riskieren sie Auspeitschung. Eine Art Religionspolizei überwacht die Einhaltung dieser Religionsgesetze.

Muslimbrüder, Salafisten & Co.

Wirkliche Gegner hatten sie anfangs keine. Die angeblich von den USA so gut ausgebildeten Soldaten der irakischen Armee hatten lieber die Uniformen ausgezogen und die Waffen weggeworfen, anstatt die Bevölkerung zu verteidigen, als der IS zum Sturm auf Mosul ansetzte, der zweitgrößten Stadt des Landes. Denn besonders schiitische Soldaten wussten nur zu gut: Wer diesen Terroristen in die Hände fällt, ist verloren. Schiiten erschossen die sunnitischen Fanatiker auf der Stelle. Widerstand gegen diese erbarmungslosen Kämpfer schien es nur von den kurdischen Peschmerga im Nordirak zu kommen und von Kurden in Nordsyrien, die am Ende mit amerikanischer Unterstützung und Hilfe aus der EU die Terrorkrieger besiegt hatten.

Die Geschichte des IS ist eng verknüpft mit dem Krieg des US-Präsidenten George W. Bush gegen Saddam Hussein. Als die amerikanischen Truppen 2003 in Bagdad einmarschierten, begingen sie den großen Fehler, sofort die irakische Armee aufzulösen. Tausende meist sunnitischer Offiziere wurden arbeitslos und schlossen sich dem sunnitischen Widerstand gegen die amerikanische Besatzung an. Aus diesen im Untergrund operierenden Milizen ging unter anderem die Gruppe *Tauhid und Djihad* (»Monotheismus und Heiliger Krieg«) hervor, angeführt von dem für seine Grausamkeit berüchtigten Jordanier Abu Mussab al-Zarkawi. Unter anderem soll er eine amerikanische Geisel eigenhändig enthauptet haben. Eine äußerst zweifelhafte Rolle hatte bei dieser Entstehungsgeschichte der syrische Geheimdienst gespielt. Statt gegen Terroristen im eigenen Land vorzugehen, entließ er etliche aus den syrischen Gefängnissen und schleuste sie in den Irak, wo sie sich al-Zarkawis Al-Qaida-Gruppe anschlossen. Das syrische Regime glaubte so, den amerikanischen Truppen größtmöglichen Schaden zufügen zu können.

Aus al-Zarkawis Untergrundmiliz »Al-Qaida im Zweistromland« ging die Terrorgruppe ISIS hervor, die sich später in »Islamischer Staat« umbenannte. Verstärkt durch Kämpfer aus Tunesien, Tschetschenien, Somalia, Libyen und anderen Kriegsschauplätzen des Djihad soll sie in Syrien und im Irak zeitweilig deutlich mehr als 10.000 Kämpfer unter Waffen gehabt haben, ausreichend, um im Irak Städte zu erobern und gleichzeitig in Syrien besetzte Gebiete abzusichern. An den Planungen dieser Überraschungsoffensiven hatten kriegserfahrene Offiziere Saddam Husseins wesentlich mitgearbeitet.

Wie aber hat sich der IS finanziert? Wie hat er seine Kämpfer bei Laune gehalten, wie für die Witwen und Waisen der gefallenen Kämpfer gesorgt? Der IS galt in den Jahren 2015/16 als die reichste Terrororganisation der Welt. Damals soll er über ein Vermögen von über zwei Milliarden Dollar verfügt haben. Allein bei der Eroberung der zweitgrößten Stadt des Irak, Mosul, waren ihm die in der Zentralbank gelagerten 429 Millionen Dollar in die Hände gefallen. Auch sollen private religiöse Stiftungen der Golfstaaten den Terrorkriegern regelmäßig Geld geschickt haben. Außerdem versuchte sie durch Geiselnahme europäische Regierungen zu erpressen. Spektakulär war der Fall der vier französischen Journalisten, die 2013 entführt und erst nach zehn Monaten wieder freigelassen worden waren. Während ihrer Haft waren sie gefoltert und gedemütigt worden. Wie die französische Regierung sie freibekommen hatte, ist nicht bekannt. Lösegeld habe sie nicht bezahlt, schwor sie nach der Freilassung. Weitere Einnahmen konnte der IS durch den Verkauf von syrischem Öl über die Türkei generieren. Mit Wissen der Türkei hatte er auch aus syrischen und irakischen Museen gestohlene Antiquitäten zu Geld gemacht.

Auch wenn der IS seine Eroberungen auf Dauer nicht verteidigen konnte, hatten diese Terroristen nicht nur den irakischen Staat in seinen Grundfesten erschüttert. Letztendlich haben diese Liebhaber schwarzer Jeans und schwarzer T-Shirts auch die USA vorgeführt, haben sie doch überdeutlich bewiesen, dass die Irak-Politik der USA der Region auch nicht einen Hauch von Stabilität geschweige denn Demokratie gebracht hat. Im Gegenteil: Noch heute leidet diese Region unter den Folgen dieser Invasion im Jahr 2003.

Trotz dieses Schreckens, den der IS mehrere Jahre verbreitete, ist es wichtig festzustellen, dass der Weg vom friedfertigen Salafisten zum militanten Djihadisten nicht zwingend vorgegeben ist, oft aber viel kürzer, als viele wahrhaben wollen. Das zeigt nicht zuletzt die Lebensgeschichte Mansours aus Saudi-Arabien. Gemeinsam ist beiden die antidemokratische Grundhaltung, das auf Gut und Böse reduzierte Weltbild und der Wahn, sie seien tatsächlich in der Lage, so etwas wie eine heile Welt zu schaffen. Mit brutaler Gewalt versuchen Djihadisten ein solches Paradies auf Erden herbeizubomben.

> **Djihad- und Terrorgruppen**
> *Al-Qaida:* entstanden in Afghanistan; Anführer Osama bin Laden, nach dessen Tod Aiman Zawahiri bis 2022; Anschläge in Afrika, Europa und in den USA (vor allem am 11.9.2001).
> *Islamischer Staat (IS):* entstanden nach 2003 im Irak und in Syrien. Ab 2013 Eroberungen in diesen beiden Ländern mit folgender Terrorherrschaft. Ab 2018 zurückgedrängt von kurdisch-amerikanischer Allianz. Heute aus dem Untergrund immer noch mit Anschlägen gefährlich.
> Djihadisten-Organisationen in Syrien wie die *Nusra-Front* werden unterstützt von den Vereinigten Arabischen Emiraten, Katar und mutmaßlich auch Saudi-Arabien.
> *Djihad Islami:* im Gaza-Streifen.
> *Hisbollah:* im Libanon, schiitisch, ab 1982 entstanden, heute ca. 60.000 Kämpfer.

Wie viel Islam steckt nun tatsächlich in diesem Terror im Namen Gottes? Diese messianischen Kämpfer der verschiedenen Djihadistengruppen behaupten zwar, im Namen des »wahren Islam« zu bomben, doch die große Mehrheit der Muslime lehnt solche Gewalt ab. Auch die wichtigste Lehranstalt des sunnitischen Islam, die Al-Azhar-Moschee in Kairo, verurteilte von Anfang an den Terror des IS, ist aber erkennbar zurückhaltender, wenn Gruppen wie die *Hamas* oder der *Islamische Djihad* im Gaza-Streifen auf Israelis Anschläge verüben. Einzig saudische Geistliche hatten lange Schwierigkeiten, ihr wahhabitisches Islamverständnis klar von dem der Terrorgruppe IS abzugrenzen.

Die wirklich treibende Kraft für Terror und Gewalt dürften aber weniger Koransuren sein als der politische Bankrott der arabischen Regime. In keinem dieser Länder ist es den Verantwortlichen seit 2011 gelungen, die Lage junger Menschen zu verbessern. Die Jugendarbeitslosigkeit ist heute höher als vor 2011, die staatlichen Bildungssysteme in den meisten Ländern sind ein trauriger Witz, gestiegen ist auch die Ungleichheit zwischen Arm und Reich. Fast 44 Prozent der Menschen zwischen Marokko und dem Irak gelten als arm, wie die *Oxford Poverty and Human Development Initiative* im Auftrag der UNO 2017 festgestellt hat. Als eines der wichtigsten Ergebnisse betont diese 2021 aktualisierte Untersuchung, die Benachteiligung im Bildungsbereich trüge ganz entscheidend zur Verelendung der Menschen bei. Tatsächlich können über 40 Prozent der rund 280 Millionen Araber weder lesen noch schreiben, sind also durch Zeitungen oder Bücher gar nicht erreichbar – und das in einer Region, in der wegen der hohen Geburtenrate die Bevölkerung immer jünger wird. Kein Wunder, dass gerade junge Menschen so anfällig sind für radikale Ideologien.

> **Die arabische Bildungskatastrophe**
> Klassenstärken mit 50, 60, 70 oder mehr Schülern sind die Regel; miserabel bezahlte Lehrer; Schüler sollen auswendig lernen, nicht selbstständig denken; nur wer Geld hat, kann sich gute, aber teure Privatschulen leisten. Systematische Ausbildung von Fachkräften nur in wenigen, meist ausländischen Firmen. So gut wie kein Geld für Forschung, daher kaum Patentanmeldungen. Einen Arbeitsplatz bekommt der, der die besten Beziehungen hat. Gute Köpfe wandern ins Ausland ab.

»Das meiste habe ich mir selber beigebracht«, sagt auch der Saudi Mansour al-Nukeidan, der heute in den Emiraten lebt. Dem Extremismus hat er sich weiterhin verschrieben. Allerdings anders als in seiner Jugend. Er analysiert ihn und empfiehlt Gegenmaßnahmen. Den Wahhabismus verurteilt er weiterhin als mitverantwortlich für die zu Radikalismus, Intoleranz und Terrorismus verführten Jugendlichen. In seiner Heimat ist er daher *persona non grata*. Selbst Morddrohungen bekommt er noch. All das beeindruckt ihn jedoch nicht. Er bleibt bei seiner Botschaft: »Der Islam braucht eine Reformation. Er braucht jemanden mit dem Mut eines Martin Luther.«

# Wie viel Westen verträgt der Nahe Osten?

Lange Schlangen vor einer Burger-Bräterei in Kairo. Heftige Diskussionen zwischen Studierenden. Ein paar schimpfen lauthals. Sicherlich nicht über die eigene Regierung oder über Missstände an der Uni. Das wäre zu gefährlich. Spitzel könnten ja mithören. Also eher über amerikanische Arroganz oder nicht eingehaltene Versprechen der Europäischen Union. Das sind Aufreger, für die sich die allgegenwärtige Polizei nicht interessiert.

Dann endlich ein Bratklops zwischen zwei labbrigen Brötchenhälften, dazu lauwarme Pommes und klebrige Cola. Heinz-Ketchup darf natürlich nicht fehlen, verpackt in kleinen Plastiktütchen. Reißt man sie auf, landet der Inhalt selten auf den Kartoffelstäbchen, sondern fast immer auf einem Hemd, dem eigenen oder dem des Nachbarn. All das ist fast so etwas wie ein studentisches Essritual rund um die Ain-Shams-Universität im Kairoer Stadtteil Abbasiya. *American Fastfood* – heißgeliebt, verabscheut dafür das Ursprungsland dieses Esskultes, die USA.

Die USA, die EU, überhaupt der Westen – ein Reizthema im Nahen Osten, ein rotes Tuch für viele, vielleicht sogar für die meisten: Die da oben im globalen Norden, diese Reichen und Mächtigen, die machen mit uns, was sie wollen. Vielleicht verachten sie uns sogar. Wir hier unten, die Kolonisierten, Ausgenutzten und Herabgesetzten. Warum ist das so? Wie konnte es soweit kommen? Was treibt nicht nur die Studenten auf die Palmen?

Zweifellos gehören die zahlreichen amerikanischen und europäischen Interventionen, politische wie militärische, zum entscheidenden Sündenfall des Westens. Begründet haben die USA ihre Militäraktionen im Nahen Osten unter anderem mit ihrem *war on terror,* den sie nach dem 11. September 2001 begannen. 2013 versprach der damalige Präsident Barak Obama, seine Regierung werden den Begriff »war on terror nicht mehr verwenden«, in Wirklichkeit ging der Krieg gegen die »Netzwerke von Extremisten« (Obama) weiter so wie bisher. Vor allem mit Drohnen. Nach den Terrorangriffen vom 11. September hatten sich die Vereinigten Staaten das Recht zugeschrieben, Regeln des Völkerrechts außer Kraft setzen zu können. Es sei Selbstverteidigung, rechtfertigten sie. Angeblich sollte der Extremismus weltweit bekämpft werden, tatsächlich richtete sich dieser Krieg in erster Linie gegen Ziele in der muslimischen Welt. Dort wurde er als Willkür, Arroganz und Überheblichkeit wahrgenommen, zumal häufig militante Aktivisten, die westliche Regierungen in die Schublade mit dem Aufkleber »Terroristen« einsortieren, von vielen Arabern als Widerstandskämpfer bewundert werden, so die libanesische Hisbollah oder Hamas im Gaza-Streifen. Überall, wo die USA Terroristen vermuten, greifen sie – meist mit Drohnen – an, selbst wenn der Verdacht nur vage ist. Irak, Jemen und Afghanistan sind die bekanntesten Beispiele. Nach offiziellen Angaben der US-Regierung im Jahr 2023 sollen durch Drohnenangriffe seit dem Amtsantritt Barak Obamas im Jahr 2009 mehr als 2.500 Djihadisten getötet worden sein. Zivile Opfer habe es auch gegeben, räumt die US-Administration ein, aber höchstens zwischen 64 und 116. Menschenrechts- und Rechercheorganisationen halten Zahlen zwischen 250 und 400 für eher realistisch. So gut wie alle waren Sunniten oder Schiiten. Kein Wunder also, dass viele Muslime diesen US-Krieg gegen den Terror als Krieg gegen die islamische Welt verstehen.

### »War on Terror«
Nach den Anschlägen vom 11.9.2001 in New York begannen am 7.10.2001 westliche Streitkräfte unter Führung der USA in Afghanistan die Operation *Enduring Freedom* gegen Taliban und bin Ladens Al-Qaida. NATO-Mitglieder wie Deutschland unterstützten. Am 28.12.2001 waren die Taliban in den Untergrund getrieben, Al-Qaida hatte sich in unwegsames Gelände abge-

setzt. Bin Laden wurde am 2.5.2011 in Pakistan von einem US-Kommando getötet.
Die USA verstießen eklatant gegen Völkerrecht: Geheimgefängnisse, Entführungen und Folter von Gefangenen, Guantánamo, Verschwindenlassen von Verdächtigen. Laut *Amnesty International* sind 36 Verdächtige bis heute nicht wieder aufgetaucht. Abu Ghraib im Irak und Drohnenangriffe, ohne dass diese Verstöße bislang von der UNO oder Verbündeten geahndet worden wären.

Eigentlich könnte der Westen für die Menschen im Nahen Osten ein Leitstern sein, der für Respekt, Würde und ein selbstbestimmtes Leben leuchtet. Schließlich genießen die meisten Europäer und US-Amerikaner jenen Wohlstand und jene Freiheiten, nach denen sich nicht nur junge Araber sehnen. Wahrscheinlicher ist aber, dass sie einen Besucher aus Europa mit dem Vorwurf der Doppelmoral konfrontieren. Denn für viele steht heute fest: Die Länder auf der nördlichen Seite des Mittelmeers geben zwar gerne den Hüter von Freiheit und Menschenrechten, tatsächlich aber unterstützen und fördern sie die autoritären Regime, unter denen Oppositionelle leiden. Willfährige Diktatoren seien ihnen letztlich lieber, so ein zentraler Vorwurf, als unwägbare Demokratieexperimente wie die von 2011/12. Den Putsch as-Sisis verurteilte die Europäische Union 2013 zwar umgehend und einhellig, doch reparierte jedes einzelne Mitgliedsland schnell das angeknackste Verhältnis zum neuen Autokraten am Nil. Schon wenige Jahre später rollten europäische Regierungschefs rote Teppiche für den Neuen aus, obwohl die Zahl der politischen Gefangenen ununterbrochen stieg, die Presse zensiert wurde und auch liberale Parteien verboten waren.

Bei den Interventionen westlicher Regierungen geht es fast immer um wirtschaftliche Interessen. So 1953 im Iran, als der britische und amerikanische Geheimdienst einen Putsch gegen den frei gewählten iranischen Ministerpräsident Mohammed Mossadegh inszenierten. Er hatte gedroht, die britisch kontrollierte Ölindustrie zu verstaatlichen. Statt seiner setzten sie Schah Reza Pahlavi ein, der das Land bis zu seinem Sturz 1978 mit brutaler Hand regierte. Zweifellos spielten auch Ölinteressen bei der Invasion in den Irak 2003 eine Rolle, wenn auch US-Firmen heute nur einen geringen Anteil des irakischen Erdöls fördern. Die meisten Produzenten stammen aus Asien.

Die Angst vor Islamisten und Terroristen kam erst später als Motiv hinzu. Als sich seit den Achtzigerjahren im Nahen Osten Islamisten immer erfolgreicher auch friedlich in die Politik ihrer Länder einmischten, sprangen in den westlichen Hauptstädten die Alarmanlagen an. Demokratie ja, aber so habe man das auch wieder nicht gemeint. Algerien 1991 zum Beispiel: freie Parlamentswahlen nach allen Regeln der Kunst, einziger Schönheitsfehler: Die islamistische FIS (»Islamische Heilsfront«) hatte die erste Runde klar gewonnen und drohte nun auch die Stichwahl für sich zu entscheiden. Der alte Kolonialherr Frankreich wurde nervös. Islamisten vor der eigenen Haustür? Nein danke! Auf Drängen Frankreichs verbot das Militär den zweiten Wahlgang. Als Folge brach in Algerien ein blutiger Bürgerkrieg aus.

Bei dieser Angst des Westens vor Islamisten und Terroristen setzten Regierungschefs wie as-Sisi den Hebel an. Europa und die USA müssten ihn unterstützen, schließlich stünde sein Land im Abwehrkampf gegen Terroristen an vorderster Front. Erst seine Politik mache Ägypten wieder zu einem zuverlässigen Partner. Nach einem solchen Fingerzeig kann der arabische Despot ziemlich sicher sein, dass er rasch mit der neuesten Antiterrorausrüstung im Gepäck wieder nach Hause reist, die er auch gegen die zivile Opposition im eigenen Land einsetzen kann. Allein in den Jahren von 2015 bis 2019 schickten deutsche Hightech-Firmen Technologien zur Einrichtung von Überwachungszentren und zur Vorratsdatenspeicherung im Gesamtwert von zwei Millionen Euro nach Ägypten – alles mit Brief und Siegel der Bundesregierung. Der Nahe Osten ist die Region außerhalb der NATO, in die EU-Staaten und die USA die meisten Rüstungsgüter verkaufen, obwohl in mindestens drei Ländern Kriege geführt wird, an denen auch die Waffenkäufer beteiligt sind.

> **Rüstungsexporte Deutschlands in den Nahen Osten (2020)**
> *Ägypten:* 752 Mio. Euro (2019 sogar 801,9 Mio. Euro)
> *Katar:* 305,1 Mio. Euro
> *Vereinigte Arabische Emirate:* 51,3 Mio. Euro
> *Kuwait:* 23,4 Mio. Euro
> *Türkei:* 22,9 Mio. Euro
> *Jordanien:* 1,7 Mio. Euro
> *Bahrain:* 1,5 Mio. Euro
> Vereinigte Arabische Emirate, Ägypten, Kuwait, Jordanien und Bahrain gehören Kriegsallianzen gegen die Huthis im Jemen an, angeführt von Saudi-Arabien.
> September 2022: Rüstungsexporte nach Saudi-Arabien in Höhe von 36 Mio. Euro.

Zentral für die westliche Nahostpolitik sind drei Fragen: Welche Regierung bietet Schutz vor Islamismus, Terrorismus und Flüchtlingen und muss daher gestützt werden? Sind diese Regierungen bereit, Israels Sicherheit zu garantieren? Und schließlich: Welche Regierung garantiert dem Westen die Versorgung mit Erdöl und Erdgas? Pluralismus, Menschenrechte oder Demokratie spielen nur eine untergeordnete Rolle. Demokratie? Gut für Sonntagsreden, schlecht fürs Geschäft. Schlecht vor allem in Sachen Flüchtlingsabwehr. Oberste Priorität hatte und hat für den Westen die Stabilität der Länder, eine Demokratiebewegung im Nahen Osten bedeutet aber zunächst Instabilität.

In Sachen Islamismus und Flüchtlinge ist Tunesien und sein 2011 abgesetzter Herrscher Ben Ali ein gutes Beispiel.

> **Kleptokraten-Clan Ben Ali**
> Regierte Tunesien von 1987–2011. Die wichtigsten Wirtschafts- und Industriezweige sowie Handelsketten, Radio- und Fernsehsender, Hotels, die Fluglinie Karthago-Air oder die *Banque de Tunisie* im Besitz der Familie. Ben-Ali-Trabelsi-Familie kontrolliert

durch Korruption und Betrug bis zu einem Drittel der tunesischen Wirtschaft, Gewinne werden in die eigene Tasche gewirtschaftet. 2006 Diebstahl von drei Luxusjachten in Frankreich durch einen Neffen Ben Alis. Vor Ben-Ali hatte Bourguiba das Land von 1959–1987 autoritär regiert.

Auch die Politiker der Europäischen Union kannten natürlich diese Betrügereien. Ben Ali wusste aber genau, warum die EU ihn dennoch hofierte, politisch pamperte und wirtschaftlich hätschelte. Für viele Migranten sind diese Mittelmeerländer die letzte Station vor der gefährlichen Überfahrt nach Europa. Solange seine Polizisten die Afrikaner daran hinderten, in die Schlauchbote zu steigen, musste er sich vor ernsthafter Kritik an seiner repressiven Innenpolitik nicht fürchten. Dasselbe galt für Ägyptens Autokraten Mubarak. Kam doch mal so etwas wie ein Tadel, drohten die Ben Alis oder Mubaraks halt mit Flüchtlingen. Das zeigte selbst bei Sozialdemokraten Wirkung. 2004 schlug der damalige SPD-Innenminister Otto Schily sogar vor, in Tunesien und Libyen EU-Auffanglager für Flüchtlinge einzurichten.

Auch heute noch spielt as-Sisi bei seinen Staatsbesuchen in Europa regelmäßig diese Trumpfkarte aus – und findet dabei viel Anerkennung bei Politiker wie der damaligen Bundeskanzlerin Angela Merkel. Bei seinem Staatsbesuch im Oktober 2018, bei dem der ägyptische Präsident mit allen Ehren empfangen worden war, lobt die Kanzlerin ihn als erfolgreichen Fluchtverhinderer. Auf einer gemeinsamen Pressekonferenz sagte sie: »Wir haben darüber gesprochen, dass Ägypten seine Seegrenze exzellent absichert, sodass es, von Ägypten aus, de facto keine Migration nach Europa gibt, obwohl in Ägypten sehr viele Flüchtlinge leben. Das ist hohe Anerkennung wert.« Seit 2016 arbeiten EU-Staaten verstärkt mit Ägypten bei der Flüchtlingsabwehr zusammen, rüsten den Grenzschutz des Landes auf und veranstalten Trainingskurse für die Sicherheitsbehörden. Dass die Regierung Flüchtlinge in Länder abschieben lässt, in denen ihnen Folter und Haft drohen, spielt dabei keine Rolle.

Pharisäertum nennt die Opposition dieser Länder solche Politik, Scheinheiligkeit und Heuchelei. So schrieb die unter Ben Ali ständig Repressionen ausgesetzte tunesische Intellektuelle Sihem Bensedrine in ihrem Buch *Despoten vor Europas Haustür:* »Im Jahr 2004 stellten wir fest, dass die Hoffnung auf eine gemeinsame Zukunft mit Europa enttäuscht wurde und dass die Kooperation mit Europa hauptsächlich dazu diente, eine ›weiche Diktatur‹ zu rechtfertigen, die das Land wirtschaftlich ausplündert.« Deshalb, so klagt sie, sei »die Doppelzüngigkeit der europäischen Politiker gegenüber der arabischen Welt so schwer erträglich«.

**Ausländische Interventionen im Mittleren Osten**
*1949:* CIA unterstützt Militärputsch in Syrien.
*1953:* Sturz des iranischen Ministerpräsidenten Mohammad Mossadegh durch britisch-amerikanische Intervention; Grund: geplante Verstaatlichung der Ölindustrie.
*1956:* britisch-französisch-israelischer Krieg gegen Ägypten wegen Verstaatlichung des Suezkanals.
*1979:* Intervention der UdSSR in Afghanistan.
*1982-1984:* Multinationale Streitkräfte (USA, Frankreich, Großbritannien) intervenieren im libanesischen Bürgerkrieg, um Abzug der PLO aus Beirut zu überwachen.
*1982:* Einmarsch Israels im Libanon nach palästinensischen Anschlägen, Besetzung Beiruts. Abzug der PLO nach Tunesien. Rückzug der israelischen Streitkräfte in den Südlibanon. Endgültiger Abzug aus Südlibanon im Mai 2000.
*1986:* Angriffe der US-Luftwaffe auf militärische Ziele in Tripolis und Bengasi in Libyen, auch zivile Opfer. Der Grund u. a.: Anschlag auf die Diskothek *La Belle* in Berlin.
*1990/91:* Krieg gegen den Irak nach dessen Kuwait-Besetzung; Verhängung von UN-Sanktionen; die irakische Bevölkerung verelendet.

> *seit Mitte der 90er Jahre:* zunehmend US-Drohnenangriffe im Jemen, in Somalia und Afghanistan gegen Terroristen, aber auch zivile Tote.
> *2001-2021:* Intervention in Afghanistan; NATO-Länder unter Führung der USA nach Al-Qaida Anschlägen in den USA.
> *2003:* US-Krieg mit »Koalition der Willigen« gegen den Irak; Besetzung bis 2011, Entstehung des IS.
> *2011:* Flugverbotszone über Libyen, Luftangriffe der USA, Frankreichs und Großbritanniens, Unterstützung der Rebellen.
> *seit 2013:* Bürgerkrieg in Libyen unter Beteiligung Ägyptens, den Vereinigten Arabischen Emiraten, Russlands, Frankreichs, Italiens und der Türkei.
> *seit 2015:* Intervention Russlands in Syrien auf Seiten Assads.
> *seit 2015:* US-Interventionen in Syrien und im Irak gegen IS.

Angesichts dieses Sündenregisters ist es kein Wunder, dass der Vorwurf der Doppelzüngigkeit die westliche Nahostpolitik als Hintergrundrauschen von Anfang an begleitet hat. Gerade im Zusammenhang mit Israel und dem Palästinakonflikt werfen arabische Intellektuelle dem Westen häufig vor, er verfolge eine Politik der Doppelmoral. Israel dürfe (fast) alles, verstießen arabische Länder aber gegen eine internationale Norm, dann strafe sie die USA sofort ab. Wenn Israel Siedlungen im Westjordanland baue, wenn es Gaza bombardiere und über 1.000 Menschen sterben, dann passiere nicht viel.

Diese Intellektuellen wie die Studenten der Ain-Shams-Universität, die gerade versuchen, einigermaßen unfallfrei in ihre Hamburger zu beißen, vergessen dabei aber gerne, dass im Falle der Gaza-Bombardierung solchen asymmetrischen Konflikten meistens Raketenangriffe der Hamas auf Tel Aviv vorausgegangen waren. Anders reagiere der Westen, so argumentieren sie, wenn einer der arabischen Alleinherrscher fremdes Land zu erobern versucht. Dann sei der Westen sehr schnell sogar zu einem Krieg bereit, wie 1990 nach der Kuwait-Besetzung durch den Irak – auch so eine vielfach gehörte und nicht ganz von der Hand zu weisende Anklage. Deswegen war es 1990 auch kein ungeschickter Schachzug von Saddam Hussein, als er anbot, er werde sich aus Kuwait zurückziehen, wenn Israel die besetzten Gebiete räume. Er ahnte die Reaktion des Westens, nämlich reines Hohngelächter, in der arabischen Welt aber – auf die war der Vorschlag gezielt – war dieses Angebot Tagesgespräch in den Caféhäusern oder an den Burger-Buden der Kairoer Ain-Shams-Universität. Kaum einer widersprach dem irakischen Diktator, der ohnehin mit heimlicher oder offener Ehrfurcht gefeiert wurde. Er habe die Kühnheit, so ging die Caféhaus-Legende, dem verlogenen Westen die Stirn zu bieten. Endlich ist da mal ein Führer, der nicht auf dem Schoß des amerikanischen Präsidenten sitzt und um Erlaubnis fragt wie all diese Mubaraks oder die Golfkönige, sondern der dem Westen mal zeigt, was eine Harke ist. »Und jetzt bietet er denen sogar noch einen ehrlichen Deal an. Kuwait gegen Palästina. Das muss der Westen doch annehmen, andernfalls ...« Dass Saddam Hussein damals zu den grausamsten der arabischen Diktatoren gehörte und er ohnehin wissen musste, dass er mit seinem Scheinangebot nicht durchkommen werde, spielte zumindest in den Caféhäusern oder bei den Studenten nur eine untergeordnete Rolle. Auch eine Form der Doppelmoral.

Zwei Ereignisse müssen genauer betrachtet werden, denn sie haben in der jüngeren Vergangenheit diesen Argwohn gegenüber dem Westen besonders geschürt: der US-Einmarsch in den Irak 2003 und das US-Gefängnis Guantánamo auf Kuba. Im Irak hatten die US-Truppen statt der versprochenen Demokratie nur ein Desaster gebracht und den Djihad ausgelöst. Statt Menschenrechte hatten sie Menschenverachtung in ihrem Marschgepäck. Der Gefängnisskandal Abu Ghraib ist nur ein Beispiel.

Wie Putin heute setzte Bush damals ebenfalls eine private Söldnertruppe ein, die Mietsoldaten der Firma *Blackwater*. Sie sollten amerikanische Einrichtungen sichern und Diplomaten schützen, schossen aber rücksichtslos auf jeden, der ihnen verdächtig vorkam. Und das war so gut wie jeder Iraker. So richteten diese Söldner am 16. September 2007 in Bagdad ein regelrechtes Massaker unter Passanten an. In einer knappen Viertelstunde töteten sie mit ihren automatischen Waffen mehr als 14 Iraker. Der Diplomatenkonvoi, den sie schützen sollten, sei angeblich bedroht worden, so die Rechtfertigung später.

Zwischen 2003, dem Jahr des Einmarsches, und 2011, dem ersten Abzug der US-Truppen, starben über 100.000 zivile Iraker. Es gibt zwar Parlamentswahlen, doch von einer nachhaltigen Demokratisierung ist das Land noch weit entfernt. Dafür gibt es immer mehr Gewalt. Noch heute leidet die gesamte Region unter den Folgen dieser Invasion.

Guantánamo – der zweite Grund für den tiefsitzenden Argwohn im Nahen Osten. In diesem Gefängnis, das zwar auf Kuba liegt, aber zu den USA gehört, ließ US-Präsident George W. Bush seit 2002 all jene arabischen Gefangenen einkerkern, denen die US-Behörden terroristische Aktivitäten unterstellten. Amerikanische »Verhörspezialisten« folterten sie, sie hatten keinen Rechtsbeistand – warum auch, es galten ohnehin keine Gesetze für sie. Wie lange sie festgehalten würden, teilte ihnen niemand mit. Sie wussten nur, dass ihnen terroristische Aktivitäten unterstellt wurden. Bei etlichen mag das auch zugetroffen haben. Bei den wenigsten wurden diese Anklagen aber vor Gericht überprüft. Zeitweilig saßen 779 Gefangene aus vierzig fast ausschließlich muslimischen Ländern ein. Dieser Gefängnisskandal führte der islamischen Welt drastisch vor Augen, dass der Rechtsstaat der USA nur die eigenen Bürger schützt. Muslime stehen unter dem Generalverdacht, potenzielle Terroristen zu sein. Ein paar Dutzend Gefangene warten auch heute noch auf ihre Freilassung, einige seit mehr als 15 Jahren. Auch in Afghanistan betrieben die US-Streitkräfte ein solches Foltergefängnis. Auf dem Luftwaffenstützpunkt Bagram. Bis zu 600 des Terrorismus Verdächtige wurden hier zeitweilig gefangen gehalten, verhört und oft tagelang gefoltert. Zugang zu Anwälten hatten die Gefangenen nicht. Ein Gerichtsverfahren bekam keiner der Inhaftierten, sodass bis heute nicht bekannt ist, wie viele der Gefangenen tatsächlich in Terror verstrickt waren. Die *New York*

*Times* beschreibt die Verhältnisse in Bagram als wesentlich schlechter als in Guantánamo.

Bemühungen, das miserable Image der USA und Europas im Nahen Osten aufzupolieren, scheiterten alle kläglich. Am 4. Juni 2009 versuchte zum Beispiel der damals neu gewählte US-Präsident Barack Obama die Scherben, die ihm sein Vorgänger durch den Irakkrieg im Nahen Osten hinterlassen hatte, wieder zu kitten. In einer groß angekündigten Rede in Kairo an die islamische Welt wollte er Vertrauen und Glaubwürdigkeit zurückgewinnen und Misstrauen abbauen. Unter anderem forderte er das Ende der israelischen Siedlungspolitik, um so den Weg zu einer Zweistaatenlösung zu öffnen. Die meisten Reaktionen in der arabischen Welt waren positiv, manche sogar begeistert: Endlich ein US-Präsident, dem man trauen kann, der kein doppeltes Spiel mit uns macht!

Schon ein Jahr nach dieser bemerkenswerten Rede äußerten sich laut einer Umfrage in sechs arabischen Ländern die Menschen wieder skeptisch, waren enttäuscht und schraubten ihre Erwartungen an die amerikanische Außenpolitik wieder zurück. Fünf Jahre später hatte sich so gut wie nichts getan im Konflikt zwischen Israel und den Palästinensern. Weder war der Siedlungsbau gestoppt noch zeichnete sich ein Ende dieser völkerrechtswidrigen Landbesetzung ab. Und die letzten Verhandlungen über eine Zweistaatenlösung waren an der starren Haltung der Regierung Netanjahus gescheitert, kritisierten auch amerikanischen Politiker. Die Araber sind mehr als enttäuscht. Sie fühlen sich getäuscht und hintergangen.

Der Schriftsteller Navid Kermani hat dieses Misstrauen gegenüber dem Westen so beschrieben: »Die Menschen in der islamischen Welt [...] werfen dem Westen nicht seine Standards vor, sondern dass er sie nicht anwendet, wenn er Diktaturen, korrupte Regime oder den Terror einer Staatsgewalt deckt.« Diese islamische Kultur fühle sich der westlichen auch nicht überlegen, wie vielfach im Westen behauptet wird: »Der Unmut gründet gerade nicht in einem Gefühl der Überlegenheit, sondern in der Verbitterung über diese Zurückweisung durch den Westen, die immer häufiger in Ressentiments umschlägt.«

Allerdings sind es nicht nur die USA, Russland oder europäische Staaten, die im Nahen Osten Krieg führen. Militärische Konflikte gibt es auch zwischen arabischen Staaten. Im Sommer 1990 überfiel der Irak seinen Nachbarn Kuwait. Saudi-Arabien bombardiert im Jemen und finanzierte zusammen mit den Vereinigten Arabischen Emiraten Djihadisten in Syrien und Warlords in Libyen. Die Türkei ist sogar mit eigenen Truppen in den Norden Syriens einmarschiert, um die Kurden von der syrisch-türkischen Grenze zurückzudrängen. Diese haben wiederum mit Unterstützung der USA den Islamischen Staat (IS) erfolgreich bekämpft. Dank des allmählichen Rückzugs der USA aus dem Irak spielt inzwischen der Iran eine immer einflussreichere Rolle im Zweistromland. Genauso in Syrien, wo zudem noch Russlands Aufmarsch ab 2015 Assad zwar die Macht sicherte, das Land aber vollends zerstörte.

Noch etwas anderes kommt hinzu. Arabische Alleinherrscher verstehen es meisterlich, mit den Ressentiments ihrer Untertanen gegenüber dem Westen zu spielen und zum eigenen Vorteil zu nutzen, können sie doch so von eigenen Fehlern ablenken, von Korruption, von Politikversagen und Repression. Eine der vielen Varianten arabischer Doppelmoral ist ihre Palästinapolitik: Die Arabische Liga und ihre Mitglieder setzen sich lautstark für die Rechte der Palästinenser ein und verlangen das Rückkehrrecht in das heutige Israel. Tatsächlich aber gibt es kaum ein arabisches Land, das Palästinenser als gleichwertige Bürger behandelt. Staaten wie der Libanon entrechten sie sogar völlig. Außerhalb ihrer Flüchtlingslager dürfen sie nicht arbeiten. Selbst für palästinensische Ärzte gilt dieses Berufsverbot, obwohl das libanesische Gesundheitswesen kurz vor dem Kollaps steht. Auch ist es den Bewohnern verboten, das Lager ohne Genehmigung zu verlassen. Wenn sich also junge Palästinenser aus dem Lager schleichen, um sich draußen bei einem Bauern als Erntehelfer zu verdingen, zahlt der ihnen höchstens Hungerlöhne. Palästinenser im Zedernstaat sind Menschen mit so gut wie keinen Bürgerrechten.

Und in Moscheen nutzen nicht nur radikale Prediger Verschwörungsängste ihrer Gläubigen aus, wenn sie gegen westliche

Demokratie und westlichen Individualismus geifern, weil beides die Grundlage der Gesellschaft zerstöre: »Bikinis und Bier, das untergräbt unsere Moral.« Diese Prediger warnen vor einer Verwestlichung des arabischen Denkens. Sie wissen, für die meisten Araber ist der Islam nach wie vor der wichtigste Bezugsrahmen ihres Denkens und die Basis ihres Wertesystems. Beides wird kaum hinterfragt und schon gar nicht infrage gestellt. Kritik an religiösen Dogmen oder gar an der Religion selber stößt bei den meisten Muslimen auf Unverständnis und Ablehnung. Gottgewolltes kann von Menschen nicht kritisiert werden, so die vorherrschende Meinung. Die Demonstrationen gegen die dänischen Karikaturen 2005/2006 mussten daher auch gar nicht von Hasspredigern organisiert werden, die Massen mussten nicht eigens angeheizt und aufgehetzt werden. Die Empörung vieler Muslime war ehrlich gemeint. Man macht sich über Gott oder den Propheten nicht lustig, und schon gar nicht dürfen dies Menschen, die nicht zur großen Gemeinschaft der Muslime gehören.

Ganz besonders aber trägt die miserable Regierungsführung der meisten Regime zum desolaten Zustand des Nahen Osten bei. Analphabetentum, die gewaltigen Unterschiede zwischen Arm und Reich, Korruption, die Überbevölkerung der Städte und die Verödung der Provinzen, Arbeitslosigkeit – all dies führe dazu, dass sich die arabischen Gesellschaften in einer »ausweglosen Sackgasse befinden«. So diagnostizierte der libanesische Journalist und Historiker Samir Kassir den Zustand der arabischen Welt in seinem 2004 erschienenen Essay-Band *Being Arab*. Hinzu kommt für ihn ein weit verbreitetes Gefühl der Ohnmacht gegenüber dem Westen und die Mutmaßung, man sei den Industrienationen technisch und geistig hoffnungslos unterlegen. Weiter schreibt er damals unter dem Eindruck der schnellen Eroberung des Irak durch die USA und die Unfähigkeit der arabischen Länder, die Besetzung der Palästinensergebiete durch Israel zu beenden: »Ohnmacht ist heute unbestreitbar der Inbegriff des arabischen Unglücks. Die Ohnmacht zu handeln, um den eigenen Lebenswillen zu bestätigen, [...] die Unfähigkeit, das Gefühl zu unterdrücken, man sei nur noch eine zu vernachlässigende Größe.« Wut auf die USA und Europa hat offensichtlich auch die Funktion, dieses Gefühl tatsächlicher oder auch nur eingeredeter Demütigung durch den Westen erträglicher zu machen.

Fest steht schließlich: Kaum eine der Interventionen der USA oder anderer europäischer Regierungen hat die Lage der Menschen vor Ort verbessert. Vielleicht gehören die Befreiung Kuwaits 1991 dazu oder der Sieg der kurdisch-amerikanischen Allianz über den IS, auch wenn dabei mehr als 1.000 unbeteiligte Zivilisten ums Leben kamen.

**Islamischer Staat (IS)**
Sunnitische Terrororganisation, um 2004 im Irak entstanden (Auslöser war die Irakbesetzung durch USA, Großbritannien), u.a. Anschläge auf US-Einrichtungen. Am 29.6.2014 rief Abu Bakr al-Bagdadi das Kalifat Irak und Syrien aus, sich selbst ernannte er zum Kalifen. Nahziel: Syrien, Irak, Jordanien und Libanon erobern. 2014 größte Ausdehnung seiner Herrschaftsgebiete in Syrien und im Irak bis kurz vor Bagdad. Öffentliche Hinrichtungen und Auspeitschungen. Verbreitet Videos darüber. Terrorherrschaft. 2014 rund 80.000 Kämpfer. 400 Deutsche IS-Anhänger. Versklavung der Jesiden im Irak. 2014 Zerstörung Mosuls. Anschläge in Paris (Konzertsaal Bataclan, Satiremagazin *Charlie Hebdo*) und vermutlich Brüssel. Zerstörung von Tempelanlagen im Zweistromland und in Syrien. Finanzierte sich über Ölverkäufe und Verkäufe von Antiquitäten aus Museen. Vermutlich finanzielle Zuwendungen aus den Golfländern. Seit 2017 gilt der IS weitgehend als besiegt. 2019 wird IS-Chef al-Bagdadi von einem amerikanischen Kommando getötet. Seit 2021 neue Anschläge.

Dass der IS im Irak entstanden ist, ist kein Zufall. Nachdem die US-Truppen das Land erobert hatten, förderten sie die bislang von Saddam Hussein unterdrückte schiitische Mehrheit. Die vor dem

Krieg dominierenden Sunniten hatten das Nachsehen. Unter Saddam Hussein waren ihnen Posten und Pfründe weitestgehend sicher. Jetzt hatten sie erst einmal alle verloren: Einfluss, Einkommen und Macht. In ihren Städten und Dörfern brodelte daher der Hass auf die Besatzer und die neuen Herren – ein fruchtbarer Nährboden für Terroristen, die mit Anschlägen auf US-Einrichtungen und schiitische Gemeinden ab 2003 das Land an den Rand eines Bürgerkriegs brachten. Die US-Verwalter in Bagdad versuchten zwar zwischen den verfeindeten Religionen zu vermitteln, indem sie per Dekret dafür sorgten, dass Sunniten und Kurden nicht völlig von den Wohltaten des Staates abgeschnitten waren. Tatsächlich schütteten sie aber mit ihrer sicherlich gutgemeinten Anordnung so viel Öl ins Feuer, dass das Land heute noch darunter leidet.

Einer dieser verordneten Versuche, die Vorherrschaft der Schiiten über die Sunniten weichzuspülen, ist das sogenannte *Muhasasa-System*. Nach diesem Verfahren müssen sämtlich Posten in der öffentlichen Verwaltung nach einem ethnisch-religiösen Proporz besetzt werden. Die Idee: Schiiten sollen Sunniten oder Kurden nicht daran hindern können, an die öffentlichen Fleischtöpfe zu gelangen. Entsprechend einem vorher ausgehandelten Schlüssel platzieren Parteien nach Wahlen ihre Anhänger auf gut bezahlten Posten in der Verwaltung, etwa in Ministerien. Ob sie vom Fach sind, spielt dabei keine Rolle. Das Ergebnis ist ein völlig aufgeblähter und gleichzeitig ineffizienter öffentlicher Dienst, der etwa ein Viertel des Staatshaushalts verschlingt. Alle Bemühungen, diese von den USA initiierte und vom irakischen Staat sanktionierte Korruption abzuschaffen, sind bislang gescheitert. Dass dieses System die Entwicklung des Landes behindert, hatten auch jene Demonstranten erkannt, die im Oktober 2019 in Bagdad auf die Straßen gegangen waren: »Das System stärkt Korruption, geheime Absprachen und Nepotismus, ohne die im öffentlichen Leben des Iraks nichts mehr geht«, so der Vorwurf der Protestierenden. Es ist geradezu eine Aufforderung an Einzelpersonen, Gruppen und Parteien, sich zu bereichern, während ein Großteil der Bevölkerung des ölreichen Landes unter wirtschaftlicher Not leide. Doch erreicht haben die Oppositionellen nichts. Kein Wunder, dass Koalitionsverhandlungen daher monatelang dauern können, bei denen es aber weniger um Programme geht als um gut bezahlte Posten; denn wer verzichtet schon gerne auf Pfründe?

Auf die Habenseite des Westens im Nahen Osten steht also erschreckend wenig. Dazu gehört sicherlich die Arbeit solcher Institutionen wie des Goethe-Instituts und des Institutes für Auslandsbeziehungen. Sie fördern – im besten Fall – unabhängige Kultur in autoritärer Umgebung, verhelfen zu Bildung und Stipendien und bieten – leider nur gelegentlich – Oppositionellen Diskussionsräume an, in die die Sicherheitsdienste keinen Zugang haben (sollen), so das Goethe-Institut in Kairo mit seiner Tahrirplatz-Lounge während der Aufstände 2011. Auch die Stiftungen der politischen Parteien spielen eine wichtige Rolle, wenn sie mit ihren Bildungsangeboten die demokratischen Kräfte dieser Länder fördern. Wer sich allerdings zu weit aus dem Fenster lehnt, riskiert schnell Ärger in diesen Ländern, so etwa die Konrad-Adenauer-Stiftung in Kairo, die mit großem Engagement Kurse in Demokratisierung und Rechtsstaatlichkeit angeboten hatte. 2013 wurde deren Leiter unter einem lächerlichen Vorwand – in Abwesenheit – zu fünf Jahren Gefängnis verurteilt, um die Stiftung mundtot zu machen.

Doch die desaströsen Folgen westlicher Nahostpolitik überwiegen. Dafür stehen Libyen, Syrien, Irak und auch der Jemen. Außer im Irak und in Libyen beseitigten die Interventionen keinen der Langzeitdespoten. Im Gegenteil: Nicht selten stärkten und stützten sie Autokraten, stürzten damit die Bevölkerung ins Elend und schufen Chaos wie in Libyen und im Irak. Und geht es um Energie, dann werden schnell die ehernsten Grundsätze über Bord geworfen. Beispiel Saudi-Arabien: Bislang hatte die alte schwarz-rote Koalition saudische Bitten um Waffen aus Deutschland wegen des Jemenkriegs und des Mordes an dem Journalisten Kashoggi regelmäßig abgewiesen. Die neue Regierung aus SPD, Grünen und FDP vereinbarte in ihrem Koalitionsvertrag sogar, die Exportbestimmungen noch einmal zu verschärfen. Doch je teurer im Jahr 2022 Gas wurde, desto weniger galten diese guten Vorsätze. Als Kanzler Olaf Scholz im September 2022 zu seinem Bittgang zu den Herrschern über Öl und Gas aufbrach, schaltete die Ampelregierung beim Waffenexport von Rot auf Grün. Als eine Art Gastgeschenk genehmigte sie, noch ehe der Kanzlerflieger abgehoben hatte, den Verkauf von Ersatzteilen und Munition für saudische Kampfflugzeuge, die vor allem Angriffe im Jemen-Krieg fliegen. Wegen alter Verträge hätte sie gar nicht anders gekonnt, rechtfertigte sich die grüne Außenministerin. Ob sie ihre Entscheidung später bereute, ist nicht bekannt. Fest steht jedenfalls: Eine Woche nach dem Scholz-Besuch ließen die Kriegsparteien im Jemen den ein halbes Jahr zuvor ausgehandelten Waffenstillstand auslaufen – ersatzlos. Das Tor zur jemenitischen Hölle hatte sich damit wieder aufgetan.

Auch aus billigem Öl und Gas sollte nichts werden. Trotz der Bittbesuche etlicher westlicher Staats- und Regierungschefs, unter ihnen Olaf Scholz und US-Präsident Joe Biden, erhöhten weder die Saudis noch die Emiratis die Fördermengen, um so den Preis zu drücken. Schlimmer noch: Sie senkten sie sogar deutlich und verteuerten damit die in Europa und den USA so dringend gebrauchte Energie. Sie taten dies zweifellos zur Freude Putins, der mit den Mehreinnahmen seine Kriegskasse füllen kann, zum Ärger aber der genarrten Besucher aus dem Westen, die nun blamiert mit leeren Händen dastanden. Deren Schmusekurs zahle sich halt nicht aus am Golf, meint auch die jemenitische Friedensnobelpreisträgerin Tawakkol Karman:

> »Was westliche Politiker nicht begreifen: Alles dies [Zusammenarbeit] hat nicht nur Auswirkungen auf uns, sondern auch auf Europa. Die Diktatoren der Welt werden sich durch das Schweigen ermutigt fühlen, die Demokratie gerät weiter unter Druck, westliche Werte geraten in die Defensive. Die Folge sind Flüchtlingsströme und der Aufstieg des Populismus. Westliche Politiker glauben, dass ihre Komplizenschaft mit den Diktatoren keine Konsequenzen für ihre Länder hat. Das ist ein Irrtum.« (*Süddeutsche Zeitung*, 29.9.2022)

Nachvollziehbar also, dass besonders junge Araber dem Westen oft nicht über den Weg trauen. Im Gegenteil: Eine große Mehrheit ist überzeugt, dass der Westen ihnen Übles will. Waren es 2016 in Katar, Libyen, Ägypten und Algerien nur ein Drittel der Jugendlichen gewesen, die in den USA so etwas wie einen Feind sahen, schoss dieser Wert ein Jahr später steil in die Höhe. Rund 55 Prozent der befragten Jugendlichen nannten die USA dem Nahen Osten gegenüber feindlich gesonnen; die Supermacht wolle ihren Ländern in erster Linie schaden. Besonders verbreitet ist diese Haltung unter arabischen Jugendlichen zwischen 18 und 24 Jahren. Der mutmaßliche Grund: Im Januar 2017 war Donald Trump als neuer US-Präsident ins Weiße Haus eingezogen. Über Araber war er mehrfach rassistisch hergezogen. Als eine seiner ersten Maßnahmen verhängte er ein Einreiseverbot gegen Menschen aus sieben mehrheitlich muslimischen Ländern. Er wolle so den Import von Terrorismus verhindern, ließ er verkünden, obwohl aus den betroffenen Ländern wie dem Irak, Syrien, Jemen, Somalia, Iran und dem Sudan seit Jahrzehnten keine Attentäter mehr in die USA eingereist waren. Dagegen verhängte er keine Einreisesperre gegen Saudi-Arabien, obwohl 15 der »9/11«-Terroristen von dort stammten. Kein Wunder also, dass junge Araber »Westler«, so das Ergebnis mehrerer Studien, als arrogant, selbstsüchtig, aggressiv und respektlos erleben.

Im gleichen Maße wie Trumps Ansehen sank, stieg in der arabischen Welt das Ansehen Putins. 2017 sahen über zwanzig Prozent der Befragten im russischen Präsidenten den wichtigsten nichtarabischen Bündnispartner. Ein Jahr zuvor waren es gerade mal neun Prozent gewesen. Eine Rolle mag auch ein anderes Ereignis aus dem Herbst 2015 gespielt haben. Damals waren russische Truppen in Syrien eingerückt, um Machthaber Assad Kopf und Kragen zu retten, sein Regime zu stabilisieren und um Djihadisten zurückzudrängen. Putin trat ganz anders auf als Obama. Der russische Präsident verfolgte eine klare politische Linie, griff militärisch in den Krieg ein und bewies sich als machtbewusster Macher, während der amerikanische eher als Zögerer und Zauderer aufgefallen war. Auch wenn sich der russische Präsident gerne mit nacktem Oberkörper auf einem Pferd reitend als rettender Ritter abbilden lässt, hat er sicherlich nicht das Zeug, ein neues Politidol im Nahen Osten zu werden. Immerhin hat der Einmarsch in die Ukraine seinem Ansehen nicht wirklich geschadet. Im Gegenteil, schreibt der ägyptische Schriftsteller und Politikanalyst Amr Salah im Online-Magazin der *Deutschen Welle Qantara*: »China und Russland gelten als Beispiele für die autoritäre Herrschaft starker Männer, wobei insbesondere Wladimir Putin große Aufmerksamkeit zukommt. Folgt man diesem Narrativ, so hat Putin sein Land aus dem Chaos der Perestroika befreit, die das Verschwörungswerk westlicher Regierungen mit dem Ziel war, die Sowjetunion zu zerschlagen. In ähnlicher Weise werden die Aufstände von 2011 als Versuch gedeutet, die arabische Region zu spalten.« Das gleiche gilt für China. Auch das Gewicht dieses Landes stieg fast im gleichen Maße wie das des Westens sank. In mehr als der Hälfte aller arabischen Staaten wünschen sich die Jugendlichen deutlich engere Bindungen an China als an die USA.

Denn diese beiden Präsidenten, der russische wie der chinesische, werden in der arabischen Welt zunehmend als erfolgreiche Führungspersönlichkeiten gefeiert, deren autoritäre Staatsführung zeige, »wie man die Schwächen eines Staates in Stärken verwandeln kann. Araber, die sich eine andere Zukunft wünschen, sollten dem Modell Putins folgen, so die Argumentation«, schreibt Salah. Oder dem Modell Chinas: Das sei zwar autoritär, aber konsequent und erfolgreich in der Moderne angekommen – mit seinem hohen Bruttosozialprodukt und einem Wohlstand seiner Bürger, von dem die Menschen in nichtölfördernden Ländern der arabischen Welt nur träumen können. Dass in beiden Ländern Opposition genauso brutal verfolgt und eingesperrt wird wie etwa politisch Andersdenkende in as-Sisis Ägypten, scheint ihrem positiven Image nicht weiter abträglich zu sein. Die Vorstellung, an der Spitze eines Staates müsse ein starker Mann stehen, ist offensichtlich zumindest bei einem Teil der arabischen Jugend verbreitet. Politiker des Westens haben jedenfalls im Nahen Osten weitestgehend ihren Kredit verspielt.

»Auch die offiziellen westlichen Reaktionen auf den russischen Einmarsch in die Ukraine tragen zur Unterstützung für Putin in der arabischen Bevölkerung bei«, schreibt Salah. Hier zeige sich mal wieder überdeutlich die westliche Doppelmoral. Die russische Invasion in die Ukraine nenne der Westen völkerrechtswidrig und rüste die Ukraine auf, die eindeutig völkerrechtswidrige Besetzung und Besiedlung des Westjordanlandes durch Israel und dessen faktische Annexion verurteilten genau dieselben Länder höchstens leise, wenn überhaupt. Stattdessen verhinderten die europäischen Regierungen die Ermittlungen des Internationalen Strafgerichtshofes gegen Israel wegen mutmaßlicher Kriegsverbrechen in den besetzten Gebieten. Das gleiche gelte auch für die US-Invasion im Irak 2003, die Fachleute ebenfalls als völkerrechtswidrig einstufen. Weder hatte die UNO den USA ein Mandat erteilt, noch hatte US-Präsident Bush mit offenen Karten gespielt. Im Gegenteil: Er hatte den Überfall, der Hunderttausenden Irakern das Leben kostete, mit einem von ihm und seiner Regierung hochgezogenen Lügengebäude begründet. Von den Verantwortlichen in den USA oder ihren Verbündeten sei niemand vor Gericht gestellt geschweige denn bestraft worden. Stattdessen verurteilen die USA Whistleblower wie Chelsea Manning, die mit Hilfe von Julian Assange US-Kriegsverbrechen im Irak veröffentlicht hatte, zu langen Gefängnisstrafen. Das Urteil über den Westen lautet für die meisten Menschen im Nahen Osten so: Von dort kommt nichts Gutes. Allerdings unterscheiden sie selten zwischen Regierung und Zivilgesellschaft, zwischen rechts und links oder zwischen progressiven oder konservativen Positionen.

Diese dem Westen so pauschal zugeschriebenen Doppelstandards treiben auch den Blutdruck der Studierenden beim Burger-Bräter nahe der Kairoer Ain-Shams-Universität in die Höhe. Und jetzt verlangen die auch noch, schimpft einer, wir sollen uns mit ihnen gegen Russland verbünden. Wegen dieses Einmarschs in der Ukraine. »Aber wer im Westen hat denn damals mit uns protestiert, als die USA in den Irak eingefallen sind?« Alle nicken. »Nieder mit ...« würden sie am liebsten skandieren, doch ganz in der Nähe stehen Polizisten mit großen Ohren, als Zivile getarnt, aber leicht auszumachen an schwarzen Lederjacken und verspiegelten Sonnenbrillen.

Wenn die jungen Menschen jedoch nach ihrem Studium begreifen müssen, dass ihr Land ihnen noch nicht einmal einen angemessenen Arbeitsplatz bieten kann, dann wird auch diese Wut sie nicht daran hindern, sich in die lange Schlange vor der amerikanischen Botschaft in Kairo einzureihen. Oft sind es mehrere dutzend ägyptischer Bittsteller, die schon früh morgens anstehen und geduldig warten, selbst in glühender Sonne. Sie hoffen, einen Antrag für eine Arbeitserlaubnis in den USA stellen zu können. Doch sie wissen auch, solche *Green Cards* vergibt die Botschaft nur selten.

# »Failed States« – Syrien, Libyen und der Jemen

»Syrien ist zwar von den ersten Zeitungsseiten verschwunden, die Situation in dem Land bleibt aber ein lebender Albtraum.« Mit diesen drastischen Worten beschrieb am 10. März 2021 der Generalsekretär der Vereinten Nationen, Antonio Guterres, die Lage in dem zerstörten Land, zehn Jahre nach Beginn des syrischen Kriegs.

»Ich bin zutiefst frustriert über das, was in Libyen passiert, ich finde, es ist ein Skandal«, so hatte er ein Jahr zuvor, im Februar 2020, auf einer Pressekonferenz in New York gewütet und weiter: »Ich habe kürzlich vom Wind der Hoffnung gesprochen, aber heute fegt der Wind des Wahnsinns über die Welt.«

Und noch einmal der UN-Generalsekretär über den Wahnsinn in einem anderen Land des Nahen Ostens: »Kind sein im Jemen ist eine besondere Hölle«, schrieb er im Frühjahr 2022 über die Lage in diesem Bürgerkriegsland. »Der Krieg frisst eine ganze Generation von Jemeniten. Wir müssen ihn jetzt beenden und uns sofort um die enormen Folgen kümmern.«

Dreimal Guterres zu drei Kriegen im Nahen Osten, die seit Jahren Menschen töten oder verkrüppeln, weder Kinder noch Frauen verschonen, Hungerkatastrophen auslösen und Menschen zur Flucht zwingen, ohne dass bei den verantwortlichen Politikern der Wille erkennbar wäre, diese fortwährenden Zerstörungsorgien zu beenden. Höchstwahrscheinlich wird der Generalsekretär der Vereinten Nationen auch in den nächsten Jahren allen Grund haben, am Nahen Osten zu verzweifeln. Frieden ist in keinem der Kriegsländer in Sicht, bestenfalls eingefrorene Fronten und eingeschlafene Kämpfe, wie es sich im Jemen oder Libyen andeutet. Für die Bevölkerung ist dies aber keine Überlebensgarantie. In Syrien lässt sich Autokrat Assad zwar als Sieger feiern, obwohl auch hier der

Krieg weitergeht. Tatsächlich kontrolliert er heute nur noch rund zwei Drittel seines ehemaligen Herrschaftsgebiets. Begonnen hatten die Proteste gegen ihn am 15. März 2011. Friedlich. Als Rebellion gegen Korruption, gegen den Nepotismus des Assad-Clans, gegen die schon seit mehr als vierzig Jahre dauernde Alleinherrschaft dieser Familie, die das Land wie einen Mafia-Staat regierte. Ermutigt durch die Erfolge der jungen Ägypter und Tunesier wollten die meist jungen Syrer ihren eigenen Frühling, einen syrischen. Anfangs hielten sie sich zurück und protestierten friedfertig und zurückhaltend. Ursprünglich hatten sie noch nicht einmal einen Rücktritt des Präsidenten gefordert, sondern Reformen und mehr Mitsprache. Mehr nicht.

Dennoch schlug das Regime vom ersten Tag an zurück, mit voller Härte. Statt zuzuhören, ließ Assad seine Soldaten auf die unbewaffneten Demonstranten schießen und entfesselte damit eine auch heute noch andauernde Gewaltspirale, die das Land nach und nach zerstört. Eine halbe Million Syrer sind bislang ums Leben gekommen. Die Hälfte der syrischen Bevölkerung befindet sich auf der Flucht innerhalb des eigenen Landes oder im Ausland. Heute zählt das Land zu den ärmsten der arabischen Welt. Rund 60 Prozent der Menschen leben unter der Armutsgrenze, müssen also mit weniger als 1,60 Euro pro Tag auskommen. Die UNO warnt vor einer drohenden Hungerkatastrophe.

Zehn Jahre nach den ersten Schüssen bleibt den Rebellen nur noch die Nordprovinz Idlib. Hier tyrannisieren von der Türkei unterstützte Al-Qaida-nahe Islamisten 2,6 Millionen Menschen, darunter fast eine Million Flüchtlinge aus anderen Regionen des Landes. Kampfflugzeuge der syrischen und russischen Luftwaffe greifen die rund 2000 Quadratkilometer große Enklave zwischen dem von Assad kontrollierten Syrien und der Türkei immer wieder gezielt an, um die Infrastruktur dieser letzten Rebellenhochburg zu zerstören. Wasserleitungen, Elektrizitätswerke, Flüchtlingslager, selbst Krankenhäuser verschonen die Angreifer nicht. Gerade mal eine Handvoll Gesundheitszentren sind heute in der Lage, die Menschen in der Provinz medizinisch zu betreuen, sofern sie denn überhaupt Medikamente haben. Seit etlichen Jahren versuchen Assads Hubschrauber und Putins Kampfflugzeuge diese Region unbewohnbar zu machen. Nach Ansicht der UNO sind dies alles eindeutige Kriegsverbrechen. Dass die Täter allerdings jemals vor Gericht gestellt werden, ist eher unwahrscheinlich. Und was die bislang nicht geschafft haben, zerstörte am 6. Februar ein großes Erdbeben in der Türkei und Nordsyrien. Mindestens 6000 Menschen kamen allein in den Nordprovinzen des Assad-Landes ums Leben. Den Überlebenden kann kaum geholfen werden, weil der Machthaber in Damaskus nur zögerlich Hilfskonvois in die Rebellenprovinz lässt.

Seit 2018 sind innerhalb dieser Provinz rund 900.000 Menschen vor russischen und syrischen Angriffen in Richtung Norden geflohen, so die UNO. Rund 80 Prozent von ihnen sind Frauen und Kinder. Haben sie es geschafft, sich in Sicherheit zu bringen, drängen sie sich zusammen mit Hunderttausenden anderen entlang der syrisch-türkischen Grenze: in Zelten, die Hilfsorganisationen auf Brachland aufbauen mussten, im Sommer Staub- und ab dem Herbst dann Schlammwüsten. Auch wenn der türkische Staatspräsident Erdoğan die Rebellenmilizen mit Waffen ausrüstet und mit Munition versorgt, die Flüchtlinge lässt er nicht in sein Land. Ein hoher, von türkischem Militär bewachter Grenzzaun soll sie daran hindern. Über einen einzigen Grenzübergang können Flüchtlinge mit Hilfsgütern versorgt werden, über Bab al-Hawa. Rund 800 Lkw passieren ihn jeden Tag, um die Menschen wenigstens mit dem Nötigsten zu versorgen. Der Versuch einiger westlicher Staaten, im Sicherheitsrat einen zweiten Übergang zu öffnen, scheiterte im Juli 2022 am Veto Russlands. Spätestens im Dezember 2022 wird dann auch diese auf sechs Monate befristete Regelung auslaufen. Im Januar beschloss – sehr zur Erleichterung von Hilfsorganisationen wie Ärzte ohne Grenzen – den Übergang »Bab al Hawa« zwischen Türkei und dem von Rebellen kontrollierten Gebiet offen zu halten. Für die nächsten sechs Monate. Zehn Tage nach dem Erdbeben genehmigte das Regime in Damaskus endlich zwei weitere Grenzübergänge für Hilfstransporte in das Erdbebengebiet. Für gerade mal drei Monate. Diese Fristen sind viel zu kurz, klagt die Ärzteorganisation, dadurch würde langfristige Hilfe verhindert.

> »Seit September 2022 breitet sich im Norden Syriens die Cholera aus. Allein im Nordosten des Landes haben wir von September bis Mitte November 2022 3.000 Cholera-Patient*innen behandelt. Mehr als 20 Prozent der an Cholera erkrankten Menschen waren stark dehydriert. Wir reagierten gemeinsam mit den örtlichen Gesundheitsbehörden und unterstützen ein auf Cholera spezialisiertes Behandlungszentrum in al-Rakka. Das ist der erste Cholera-Ausbruch in Syrien seit 15 Jahren. Deshalb ist es wichtig, die Menschen dafür zu sensibilisieren, wie sie eine Ansteckung vermeiden können und wie Cholera behandelt wird. Die schlechte Infrastruktur für Wasser und Sanitär sowie die sinkenden humanitären Mittel begünstigen die Ausbreitung solcher Krankheiten.« (*Ärzte ohne Grenzen, 2022*)

Reist man entlang der syrisch-türkischen Grenze weiter Richtung Osten, trifft man erst auf türkisches Militär und mit ihm verbündete syrische Milizen, die sich dort auf einen Feldzug gegen die Kurden vorbereiten. Nach rund 150 Kilometern begegnet man ihren Gegnern, den Kämpfern der kurdische PYD, der »Partei der demokratischen Union«. Diese der türkischen PKK nahestehende Kaderorganisation versucht aus dem syrischen Kurdengebiet im Nordosten des Landes einen an die kruden Politideen des PKK-Chefs Öcalan angelehnten autonomen Staat zu formen.

Für Erdoğan ist das ein Albtraum. Ein PKK-Staat direkt vor der eigenen Haustür? Terroristen – so sieht er sie – in unmittelbarer Nachbarschaft? Auf keinen Fall! Für ihn sind diese Kurden nichts als Gewaltverbrecher, die getötet, wenigstens aber vertrieben werden müssen. Deswegen kündigt er seit Monaten neue Militäroperationen im Norden Syriens an. Er will in diesem Kurdengebiet entlang der Grenze eine 30 Kilometer tiefe Sicherheitszone erobern, aus der alle Kurden davongejagt werden sollen. Für einen solchen Feldzug braucht er aber die Zustimmung von Russland und dem Iran, den beiden anderen Kriegsparteien in Syrien. Beide haben bislang noch kein grünes Licht gegeben. Stattdessen greifen türkische Artillerie und Drohnen Stellung der Kurdenmiliz in Syrien an, da Erdoğan sie verantwortlich macht für den Anschlag in Istanbul, bei dem am 13. November 2022 sechs Menschen getötet und über achtzig verletzt worden waren. Die Kurden bestreiten, für den Anschlag verantwortlich zu sein. Bisher haben weder der Iran noch Russland oder die USA einer Bodenoffensive der Türkei zugestimmt. Immerhin machen diese Verhandlungen deutlich, welche politische Rolle Syriens Alleinherrscher Assad spielt – nämlich so gut wie keine. Selbst wenn es um Krieg und Frieden im eigenen Land geht, sitzt er nicht mit am Konferenztisch.

Geheimdienst und Armee sichern zwar seine Macht – von 200.000 politischen Gefangenen ist die Rede, von Folter und Mord in den Gefängnissen –, doch gegen die Interessen seiner engsten Verbündeten, Russland und dem Iran, kann er keine politische Entscheidung treffen. Und daran wird sich nichts ändern, denn beide werden sich auf Dauer in Syrien einrichten. Putins Luftwaffenstützpunkt bei Latakia ist sein einziger im Nahen Osten, der für Kriegsschiffe taugliche Hafen in Tartus sein einziger Marinestützpunkt am Mittelmeer. Beide wird er nicht aufgeben.

Der Syrienkrieg ist für Putin wohl ohnehin nicht viel mehr als ein riesiges Versuchslabor, um neue Waffen zu testen und Vernichtungsstrategien zu erproben. Wie mache ich Städte unbewohnbar? Wie zermürbe ich die Bevölkerung? Wie wirksam sind meine Spezialwaffen? Als erstes musste die zweitgrößte Stadt des Landes, Aleppo, als »Versuchskaninchen« herhalten. Ein Teil der Stadt war zwar in Rebellenhand, doch die seit hunderten von Jahren gewachsene Altstadt mit dem größten Basarviertel im Nahen Osten, dem Souk, gehört mit zum schönsten und kostbarsten, das der Nahe Osten zu bieten hat. Das zählte aber für den Syrer Assad nicht – und für den Russen Putin schon gar nicht. 2016 bombten russische und syrische Kampfflugzeuge diese alte Handelsstadt am Ende der Seidenstraße systematisch in Schutt und Asche, so wie wir es heute in der Ukraine beobachten können. Auch Marktplätze beschossen sie, besonders dann, wenn die Piloten sahen, dass sich vor Bäckereien lange Schlangen gebildet hatten. Die ganze Region sollte unbewohnbar werden.

Für russische Waffenentwickler erfüllte sich mit dieser Zerstörungsorgie ein ganz besonderer Wunschtraum, bot sie doch die Gelegenheit, neue Waffen zu testen. Nicht simuliert am Computer oder auf einem militärischen Übungsgelände, sondern in richtig bewohnten Städten, zynisch gesagt am lebenden Objekt. Getestet wurden beispielsweise sogenannte Vakuumbomben, die durch einen riesigen Feuerball der Luft den Sauerstoff entziehen. Laut *Süddeutscher Zeitung* haben Augenzeugen gesehen, wie der Sog Menschen den Brustkorb aufriss und Gebäude bersten ließ. Ebenso experimentierten die russischen Kampfflieger mit international geächteten Streubomben, die angeblich auch schon im Ukraine-Krieg eingesetzt worden sind.

Neben Aleppo litt besonders die Stadt Duma unter dem russisch-syrischen Bombenterror. Obwohl die dort kämpfenden Rebellen 2018 kurz vor dem Aufgeben standen, setzte Assad mit Wissen der russischen Kommandeure in Syrien seine schlimmste Waffe ein. Im April schickte er einen Helikopter nach Duma, aus dem die Besatzung einen Kanister auf ein Wohngebiet abwarfen. Er enthielt tödliches Chlorgas. Die Angaben über Tote schwanken zwischen 25 und einem Vielfachen. Insgesamt sollen in der ersten Woche nach dem Abwurf mindestens 1.800 Menschen gestorben sein. Syrien ist für Putin also fast so etwas wie die Blaupause für seinen Krieg gegen die Ukraine. Dort kommandierte von September 2022 bis Anfang 2023 jener General die russischen Truppen in der Ukraine, der schon in Syrien zweimal als Kommandeur eingesetzt war. In den sozialen Medien wird er häufig als »Schlächter von Syrien« bezeichnet oder als »General Armageddon«, was auch nichts Gutes ahnen lässt. Inzwischen hat Putin ihn herabgestuft. Er muss sich mit dem Posten des Stellvertreters des Oberkommandierenden zufriedengeben. Im Januar 2023 hatte der russische Präsident General Waleri Gerassimow als neuen Oberkommandierenden eingesetzt. Auch er ein Syrienveteran, der während seines Einsatzes in dem Bürgerkriegsland so gut wie keine Rücksicht auf Zivilisten genommen hatte. Zwei Generäle mit Kampferfahrung in Syrien also werden auf die Ukraine losgelassen.

Und der Iran? Er verfügt mit seiner militärischen Präsenz in Syrien über eine politische wie militärische Achse, die von Teheran über Bagdad und Damaskus bis ans Mittelmeer reicht. Auch im Falle des Iran ist kaum zu erwarten, dass die Mullahs freiwillig das Feld räumen. Viel mehr als eine Marionette dieser beiden Siegermächte wird daher der syrische Präsident auch in Zukunft kaum sein.

### Krieg in Syrien

*15.3.2011:* friedliche Proteste gegen das Regime, die syrische Armee schießt auf die Demonstranten. Entstehung der *Freien Syrischen Armee* (FSA).

*ab 2012:* Iran greift in Krieg ein, ebenso die libanesische Hisbollah. Auf der anderen Seite: Der Islamische Staat (IS), andere von Golfstaaten finanzierte Djihadisten.

*Herbst 2013:* Assad geht mit Giftgas gegen die eigene Bevölkerung vor, IS ruft Kalifat in Syrien aus, USA beginnen mit Luftschlägen gegen IS.

*2015:* Russland greift mit seiner Luftwaffe auf Seiten Assads ein. Assad-Verbündete: Russland, Iran, Hisbollah. Seine Gegner: IS, Nusra-Front (Al-Qaida), Reste der FSA, unterstützt von USA, Djihadisten unterstützt von Golfstaaten.

*2016:* Schlacht um Aleppo. Einmarsch und Militäroffensive der Türkei in Nordsyrien gegen Kurden.

*2017-2019:* Vertreibung des IS aus dem Irak und aus Syrien durch Kurden und USA, Vormarsch der von Russland unterstützen Truppen Assads, Einkesselung der Provinz Idlib, Einsatz von Chemiewaffen gegen Rebellen.

*ab 2020:* Kampf um Idlib, Türkei droht mit Feldzug gegen Kurden.

Seit 2011 sind bis zu 500.000 Kriegstote zu beklagen, die Hälfte der Bevölkerung ist auf der Flucht im In- und Ausland.

Auch Libyen ist inzwischen nicht viel mehr als Spielball in einem geopolitischen Machtkampf. Seit dem Sturz des Diktators Muammar al-Gaddafi vor über zehn Jahren mussten die Libyer fast ununterbrochen Krieg im eigenen Land ertragen. Warlords, Djihadisten und Söldnertrupps, finanziert und gesteuert von nichtlibyschen Regierungen, ringen um die Vorherrschaft in dem ölreichen Wüstenstaat. Er droht aufgerieben zu werden zwischen den osmanischen Großmachtphantasien des türkischen Präsidenten Erdoğan und dem Versuch eines kleinen Landes am Persischen Golf, zur Hegemonialmacht aufzusteigen, den Vereinigten Arabischen Emiraten. Beide setzen eigene Soldaten, vor allem aber Söldner ein. Die Türkei hebt in Nordsyrien Kämpfer aus. Die Vereinigten Arabischen Emirate rüsten Warlord Khalifa Haftar auf mit modernen Waffen und im Sudan angeworbenen Mietsoldaten. Außerdem arbeiten sie eng mit Russland zusammen, das ebenfalls syrische Söldner einsetzt. Syrer also auf beiden Seiten der Fronten. Ohnehin ist dieser Krieg inzwischen zu einem Hotspot des Söldnerunwesens geworden. Außer Syrern, Sudanesen und Senegalesen finanzieren die Emirate eine russische, mit Billigung Putins gebildete Privatarmee, die sogenannte »Gruppe Wagner«. Zeitweilig sollen bis zu 25.000 Söldner in Libyen eingesetzt gewesen sein.

Erdoğan hofft, Rohstoffe wie Öl und Gas im Mittelmeer und in Libyen unter seine Kontrolle zu bekommen. So hatten 2019 Ankara und die Regierung des damaligen libyschen Regierungschefs, Ministerpräsident Fayez al-Sarraj, ein Seerechtsabkommen abgeschlossen, mit dem beide Länder Teile des Mittelmeers zwischen Kreta und Libyen für sich beanspruchen. In diesem Gebiet werden große Mengen von Erdgas vermutet. Weder die EU noch die UNO haben dieses Abkommen anerkannt, da auch Griechenland und Ägypten es reklamieren. Ein Gericht in Libyens Hauptstadt Tripolis erklärte es inzwischen für null und nichtig.

Ähnliche Interessen hat auch die Gegenseite. In erster Linie ist es also ein Kampf um militärische, wirtschaftliche und politische Vormacht, weshalb Politiker wie der Emir in Abu Dhabi oder der Präsident in Ankara in dem ohnehin gescheiterten Staat intervenieren. Für die Vereinigten Arabischen Emirate kommt noch etwas anderes hinzu: Sie versuchen mit allen Mitteln zu verhindern, dass Islamisten, egal welcher Couleur, in Tripolis die Macht übernehmen.

Das schon 2011 verhängte und danach in Resolutionen immer wieder bekräftigte Waffenembargo der Vereinten Nationen kümmert keine Seite. Auch nicht europäische Länder wie Frankreich oder Italien, die beide ebenfalls in den libyschen Krieg verstrickt sind. Genauso wenig kümmert die Forderung der UNO, alle Söldner abzuziehen. Als Antwort kommen höchstens Schulterzucken und Augenrollen.

Bislang ist es keiner Seite gelungen, weder eine militärische Überlegenheit zu erkämpfen noch eine stabile politische Ordnung zu schaffen, geschweige denn Zivilisten vor den Kriegen zu schützen. Seit dem Winter 2020 hat immerhin ein von der UNO vermittelter leidlich funktionierender Waffenstillstand für so etwas wie Ruhe im Land gesorgt. Beständig und berechenbar ist die Lage in Libyen nach wie vor nicht. Angekündigte Wahlen im Dezember 2021 wurden kurzfristig abgesagt. Seitdem ist das Land wieder gespalten in einen westlichen Teil mit Tripolis als Sitz einer selbsternannten Regierung, unterstützt von der Türkei, und einem östlichen Teil, in dem nach wie vor Warlord Khalifa Haftar eine Schlüsselrolle spielt – dank seiner Gönner, den Emiraten, Russland, Ägypten und Saudi-Arabien.

**Libyen**
Seit dem Sturz al-Gaddafis im Herbst 2011 kein staatliches Gewaltmonopol. Keiner Seite gelang es, eine Einheitsregierung zu bilden. Seit 2014 zwei rivalisierende Regierungen in Tripolis und in Bengasi im Osten. Dort ist Khalifa Haftar der starke Mann, unterstützt von den Vereinigten Arabischen Emiraten, Ägypten, Russland, Frankreich und Djihadisten. In Tripoli wird die Regierung unterstützt von lokalen Milizen, der Türkei und anfangs Italien. Militärisches Patt trotz heftiger Kämpfe. Vermittlungsversuche der UNO gescheitert, 2022 keine Lösung in Sicht.

Gemeinsam ist allen drei Kriegen, dass sie mit den Aufständen der arabischen Jugend 2011 begonnen haben. In Syrien und Libyen versuchten die Sicherheitskräfte die anfangs friedlichen Proteste mit Gewalt zu unterdrücken. Im Jemen waren die Demonstrationen für den schon seit Jahren mit der Zentralregierung verfeindeten Stamm der Huthis so etwas wie ein glücklicher Zufall. Endlich bot sich eine Chance, mit ihr reinen Tisch zu machen. Von der Zentralregierung hatten die im Nordjemen siedelnden Huthis mehr Unabhängigkeit und eine eigene Regierung gefordert, außerdem die wirtschaftliche Entwicklung ihrer Provinz. Als Zaiditen verstehen sich die nach ihrem Stammesführer benannten Huthis. Sie gehören damit einer Variante des Islam an, die es fast nur im Jemen gibt. Sie werden häufig als Schiiten bezeichnet, haben aber mehr mit Sunniten gemein als mit dem im Iran praktizierten Islam. Ideologisch sind sie daher kaum an Teheran gebunden, umso mehr aber militärisch. Ihr Aufstand gegen die Zentralregierung in Sanaa begann schon 2004. In mehreren Feldzügen versucht diese, den Unruhestamm zu unterwerfen – jedes Mal erfolglos.

Als ab 2011 die Demonstrationen gegen die Zentralregierung deren Macht schwächte, witterten die Huthis ihre Chance, sich auch auf nationaler Ebene durchzusetzen. Anfangs gaben sie sich noch friedlich und beteiligten sich an Verhandlungen. Doch Mitte 2014 marschierten die Krieger aus dem Norden los in Richtung Sanaa, sehr wahrscheinlich ausgerüstet und bewaffnet vom Iran, der seinerseits die Möglichkeit erkannte, Einfluss im Süden Saudi-Arabiens zu gewinnen. Im September 2014 nahmen sie die Hauptstadt Sanaa ein. Die Regierung musste fliehen und machte zunächst Aden, die größte Stadt im Südjemen, zu ihrer neuen Hauptstadt. Der damals amtierende Präsident Abed Rabbo Mansour Hadi floh kurze Zeit später nach Saudi-Arabien.

Diese militärischen und politischen Erfolge der Huthi-Bewegung nährten die Furcht des saudischen Königs, von iranfreundlichen Nachbarn in die Zange genommen zu werden: Im Norden der Irak, in dem die Mullahs gewissermaßen mit am Kabinettstisch saßen, im Osten jenseits des Persischen Golfs der Iran selber. Und als dann auch noch im Süden von den von Iran unterstützten Huthis neue Gefahr drohte, heulten in Riad sämtliche Alarmsirenen. Noch mehr »Proxys der Mullahs« in unmittelbarer Nachbarschaft? Die Ajatollahs vor der Haustür? Ausgeschlossen!

Am 26. März 2015 gab der junge, von seinem Vater König Salman ibn Abd al-Aziz gerade ins Amt gehievte Verteidigungsminister Kronprinz Mohammed bin Salman seiner Luftwaffe den Befehl, die Huthis im Jemen zu bombardieren. Im Süden des Landes griffen die Vereinigten Arabischen Emirate mit eigenen Bodentruppen an. Auch bei diesem Krieg ist ein Ende nicht abzusehen. Im Gegenteil: Inzwischen beschießen die Huthis mit iranischen Raketen sogar Städte der Golfstaaten. Bislang sind das nur schmerzhafte Nadelstiche, die aber leicht zu einem noch größeren Krieg auswachsen können. Seit April 2022 verschafft ein Waffenstillstand der UNO die Möglichkeit, die Bevölkerung wenigstens mit den dringend benötigten Nahrungsmitteln und Medikamenten zu versorgen. Doch seit September 2022 ist es mit dieser kurzen Atempause wieder vorbei. Die Kriegsparteien hatten sich nicht auf eine Verlängerung einigen können. Waffenstillstandsverhandlungen sind bislang gescheitert. Die Huthis bereiten sich offensichtlich auf eine neue Kriegsrunde vor. Im Dezember 2022 brachten US-Kriegsschiffe ein für sie bestimmtes Schiff aus dem Iran auf. Es hatte Waffen, Millionen Schuss Munition und Treibstoff geladen, teilte die US-Marine mit.

**Jemen**
29,8 Mio. Einwohner, über 80 % der Bevölkerung in Armut, 52 % in extremer Armut. UNO fürchtet Hungerkatastrophe durch Krieg.
Seit 2015 Militärintervention einer von Saudi-Arabien angeführten Militärallianz mit Ägypten, Bahrain, Katar (bis 2017), Kuwait, den Vereinigten Arabischen Emiraten, Jordanien, Marokko (bis 2019), Sudan (mit Söldnern) und dem Senegal (mit Söldnern) gegen Huthi-Kämpfer, die vom Iran unterstützt werden.

> Zeitweilig Separatistenbewegung im Südjemen. Außerdem operiert im Süden schon lange Al-Qaida, die sich *Al-Qaida auf der Arabischen Halbinsel* nennt; ebenso der IS.

Es fällt auf, dass zwei Akteure immer dabei sind, wenn seit 2011 innerstaatliche Kriege im Nahen Osten ausbrechen. Saudi-Arabien und die Vereinigten Arabischen Emirate. Meistens Hand in Hand, gelegentlich auch gegeneinander. Kein Wunder: Beide haben im Nahen Osten ähnliche Interessen. Da ist zum einen das Ziel, die Ausdehnung des Iran zu stoppen, der scheinbar unaufhaltsam immer weiter vorrückt, trotz aller Sanktionen. Zum andern aber ist da auch die Sorge, Islamisten könnten in diesen gescheiterten Staaten immer mächtiger werden und am Ende auf den Ruinen der *failed states* Gottesstaaten errichten, die den Monarchen am Golf gefährlich werden könnten. Als in Libyen islamistische Milizen in die Offensive gingen und sogar die Hauptstadt Tripolis besetzten, setzten die Vereinigten Arabischen Emirate zusammen mit Saudi-Arabien den libyschen Kriegsfürsten Khalifa Haftar gegen die Gotteskrieger in Marsch.

Einzig das kleine Katar spielt unter diesen Kriegsfürsten vom Golf eine Sonderrolle. Wenn es in einen dieser Dauerkonflikte eingreift, dann fast immer auf der Seite der Gegner der Saudis und der Vereinigten Arabischen Emirate. So förderte es die ägyptischen Muslimbrüder bis zum von den Vereinigten Arabischen Emiraten mitfinanzierten Militärputsch as-Sisis, bot den Funktionären Exil. Auch Spitzenpolitikern der Hamas finden in dem kleinen, aber extrem reichen Land freundliche Aufnahme. Ohne die Überweisungen des Emirs in Doha wäre die Hamas im Gazastreifen wohl schon längst pleite, ebenso die islamistischen, gegen Haftar eingesetzten Milizen in Libyen. Es gibt sogar Hinweise, dass das katarische Herrscherhaus den IS mitfinanziert hat – zumindest zeitweilig. Mit dem Iran unterhält das Staatsoberhaupt der in den Persischen Golf hineinragenden Halbinsel, Emir Tamim al-Thani, entspannte Beziehungen, ganz im Gegensatz zum saudischen Kronprinzen Mohammed bin Salman und dem emiratischen Herrscher Mohammed bin Zayid. Beide, der flächenmäßig große Iran und der Winzling Katar, sind aufeinander angewiesen, teilen sie sich doch eine riesige Gasblase, die etwa drei Kilometer unter dem Meeresboden liegt. Sie speichert ungefähr zehn Prozent des weltweiten Erdgasvorkommens.

Eines interessiert diese Golfkrieger allerdings überhaupt nicht: das Schicksal der Menschen, in deren Länder sie Krieg führen lassen. Jemen, Syrien oder Libyen sind nahezu komplett zerstört. Hungersnöte, Seuchen, Krankheit, den Bombardierungen schutzlos ausgelieferte Menschen, die deshalb ständig auf der Flucht sind. Bis zu 500.000 an Kämpfen nicht beteiligte Syrer sind laut dem Menschenrechtsbüro der UNO in den vergangenen zehn Jahre ums Leben gekommen. Im Jemen schätzt die UNO die Zahl der getöteten Zivilisten auf über 370.000. Dort finde die schlimmste humanitäre Katastrophe seit Ende des Zweiten Weltkrieges statt, klagen die Vereinten Nationen.

Nicht besser sieht es im reichen Ölland Libyen aus. Von den sieben Millionen Libyern lebt ein gutes Drittel unter der Armutsgrenze. Hinzu kommen hier rund 600.000 afrikanische Migranten, die darauf warten, von Libyen mit Schlauchbooten nach Europa überzusetzen. Ein Traum, der schnell zum Albtraum werden kann.

Wenn es schnell gehen soll, dann muss ein solcher Flüchtling ein paar tausend Dollar in der Tasche haben. Billiger bekommt man einen Platz in den meist überfüllten Schlauchbooten für die Überfahrt nicht, die für viele tödlich endet. Die wenigsten dürften allerdings genügend Geld mitbringen, um die so teure wie gefährliche Passage in einem der Seelenverkäufer zu bezahlen. Also arbeiten sie, irgendwas. Auch wenn es der letzte Dreck ist. Nur Geld verdienen für das eine große Ziel: Europa! Es kann aber Monate dauern, wenn nicht gar Jahre, ehe der Flüchtling genügend für die Überfahrt zusammengespart hat. Wenn überhaupt.

Schließlich will jeder an den Flüchtlingen verdienen: Schlepper, Menschenhändler, Milizsoldaten, Polizisten. Tunlichst viel. Menschenschmuggler versprechen ihnen, einen Weg nach Europa möglich zu machen, Milizen erpressen sie und kassieren auch bei den Schleppern ab, und sogar Ableger der Terrororganisation Islamischer Staat sollen zumindest zeitweilig die Hand aufgehalten haben. *Amnesty International* und *Human Rights Watch* berichten sogar von Foltergefängnissen. Flüchtlinge – das ist das große Geschäft in Libyen, eines der wenigen, bei dem man noch richtig Kohle machen kann.

Helfen kann die UNO in diesen Ländern nur begrenzt. Immer wieder muss sie die ohnehin schon knappen Medikamenten- und Lebensmittelpakete für die Menschen in Not noch weiter verkleinern. Aus Geldmangel, weil etliche Teilnehmer von Geberkonferenzen ihre fest zugesagten Millionenbeträge nicht überweisen. Besonders häufig gehören Ölscheichs zu den säumigen Zahlern. Geld für ihre Kriege machen sie aber ohne zu zögern locker. Kalt lächelnd.

Dabei haben weder die Emirate noch Saudi-Arabien in keinem dieser gescheiterten Staaten erreicht, wofür sie haben kämpfen und sterben lassen. Den Stellvertreterkrieg in Syrien gegen den Iran? Verloren! Das Mullahland ist dort stärker denn je. Arabische Regime sind inzwischen bereit, das isolierten Syrien wieder in ihre Gemeinschaft aufzunehmen. Und Erdoğan, einst verlässlicher Partner etlicher Djihadistengruppen im Kampf gegen Assad, spricht sogar von einem Treffen zwischen ihm und dem syrischen Alleinherrscher.

Die Huthis im Jemen? Auch nach sechs Jahren Bombardierung nicht vertrieben! Im Gegenteil: Auch sie sind sogar noch bedrohlicher geworden. Und in Libyen haben nach dem Scheitern der UNO-Friedensinitiative von 2021/22 die Vereinigten Arabischen Emirate, die Türkei und Russland auf den Reset-Knopf gedrückt: Alles auf Anfang. Nichts gewonnen. Versuchen wir es nochmal. Natürlich mit Krieg.

Von diesen Desastern profitieren nur zwei: Iran und Russland. Sie haben in der arabischen Welt an Macht und Einfluss gewonnen. Für Putin war der Syrienkrieg wohl auch ein riesiges Versuchslabor, um neue Waffen zu testen und Vernichtungsstrategien zu erproben, die er später in der Ukraine einsetzte. Und der Iran hat sich praktisch vor der Haustür Israels eingerichtet.

Und der Generalsekretär der Vereinten Nationen? »Alle Situationen sind unterschiedlich«, verkündete er, »wenn bewaffnete Konflikte aber andauern, drohen Gesellschaften zu scheitern. [...] Und wenn Regierungen schwächer werden, nutzen Terroristen dieses Vakuum und werden immer stärker«, so Guterres 2020 über die *failed states* im Nahen Osten. Eine Warnung nicht nur an die Könige, Emire und Kronprinzen am Golf.

# Ausblick – ist ein solcher Naher Osten noch zu retten?

Gemessen an europäischen Maßstäben war es nicht eben viel gewesen, was die jungen Menschen auf den Tahrirplätzen der arabischen Welt gefordert hatten. Arbeit wollten sie, einen gerechten Lohn und ein Leben in Würde. Außerdem eine Gesellschaft ohne Korruption, ohne Angst vor der Polizei, ohne politische Gefangene. Für die arabischen Regime waren selbst solche Selbstverständlichkeit schon zu viel. Einige Herrscher reagierten flexibel, verschafften sich mit kleinen Zugeständnissen oder großen Geldgeschenken erst einmal Luft. So etwa in Ländern wie den Golfstaaten, wo die Regierungen mit üppigen Zuwendungen den Untertanen den Schneid abgekauft hatten, oder Marokko, wo der schier allmächtige König der Opposition im Parlament mit kleinen Zugeständnissen den Wind aus den Segeln nahm. Andere, wie der ägyptische Putschist Abd al-Fattah as-Sisi, schlugen hart zurück. Zehntausende Oppositionelle und die, die von den Sicherheitsbehörden dafür gehalten werden, sitzen auch heute noch in den Gefängnissen des Landes. Syriens Präsident Assad brach sogar einen Bürgerkrieg vom Zaun, der sein Land zerstörte und hunderttausende Menschen zu Flüchtlingen machte. Im Land und außerhalb. Beendet ist dieser Bürgerkrieg bis heute nicht. Mehr Mitsprache in diesen Ländern? Oder wenigstens etwas mehr Gerechtigkeit? Keine Chance! Zu Optimismus bietet der Nahe Osten im Augenblick also wenig Anlass. Und daran wird sich vermutlich in den nächsten Jahren nichts ändern, jedenfalls solange die alten Eliten aus Wirtschaft, Politik und Militär an der Macht und in der Lage sind, ihre Privilegien mit Zähnen und Klauen zu verteidigen. Selbst Tunesien hat den Rückwärtsgang eingelegt und steuert einen Kurs zurück zu seinen autoritären Wurzeln.

## Ausblick – ist ein solcher Naher Osten noch zu retten?

Doch sollten diese ergrauten Männer (manchmal auch Frauen) ihre Rechnung nicht ohne die arabische Jugend machen. Deren Revolte von 2011 ist zwar gescheitert, selbst die tapferen Tunesier konnten oder wollten ihre 2011 errungene Freiheit 2022 nicht länger verteidigen. Aber schon 2019 hatten sich in einigen Ländern des Nahen Ostens Unzufriedene wieder auf die Straßen getraut, so im Irak, im Libanon und in Algerien. Doch die Aufstände von 2019 waren anders als die von 2011. Es ging den Demonstranten um mehr als »nur« um Jobs, Einkommen und ein besseres Leben. Sie wollten ihre Länder vollständig umkrempeln. »Wir wollen eine neue Heimat!«, forderten sie. Eine, in der sie als mündige Bürger leben können, nicht als Untertanen eines Regimes, das das Land als sein Eigentum betrachtet. Denn »Der Staat gehört uns allen! Nicht Euch allein!« – so ein anderer Kampfruf im Irak. Die Ziele dieser Demonstranten gingen also weit über die des Jahres 2011 hinaus.

Ein weiterer Sprengstoff machte diese Demonstrationen für die alten Regime gefährlich. Der von 2006 bis 2014 im Irak regierende Ministerpräsident Nuri al-Maliki, selber ein Schiit, hatte zum Beispiel die konfessionelle Spaltung des Landes zwischen Sunniten und Schiiten vertieft und damit eine Politik des *divide et impera* fortgesetzt, mit der schon Saddam Hussein das Land erfolgreich beherrscht hatte. So hatte er nach dem Abzug der US-Truppen aus dem Irak 2011 als erstes die sunnitischen Vertreter im Politikapparat des Landes entmachtet. Als sei dies noch nicht genug, versuchte er die sunnitische Minderheit des Landes, die hauptsächlich westlich und nördlich von Bagdad lebt, von den Öleinnahmen abzuschneiden. Geld floss in schiitische Einrichtungen, sunnitische gingen weitestgehend leer aus. Kein Wunder, dass der Hass der Sunniten auf die Schiiten wuchs, schließlich hatten sie unter Saddam Hussein zur politischen Elite gehört. Armee, Polizei und Verwaltung waren ihre Pfründe gewesen, bis 2003 die US geleitete Invasionsarmee sie von ihren Stammplätzen verjagte und die Schiiten an ihre Stelle setzte. Der Hass schlug in Terror sunnitischer Extremisten um, von denen der sogenannte Islamische Staat der bekannteste war. Die schiitisch dominierte Regierung in Bagdad tat so gut wie nichts, um den Graben zwischen diesen beiden Konfessionen zu überbrücken. Auch dies einer der Gründe, warum sich der IS in den Dörfern und Städten der irakischen Sunniten so lange halten konnte.

> **Religionen im Irak**
> Schiiten ca. 60 %, Sunniten ca. 35 %. Religiöse Minderheiten wie Christen und Jesiden. Schiiten wurden unter der Herrschaft Saddam Husseins unterdrückt und von der Politik nahezu ausgeschlossen. Er stützte sich auf die Sunniten. Nach 2003 Schiiten an der Macht, Ausgrenzung und Benachteiligung der Sunniten. Der IS ist sunnitisch. Großer Einfluss des schiitischen Iran.

Diese religiöse Spaltung, mit deren Hilfe auch Regime im Libanon oder in Syrien ihre Herrschaft abzusichern pflegten, wollen offensichtlich die jungen Iraker und Libanesen nicht länger hinnehmen. Für sie zählt nur noch die Zugehörigkeit zu einer Nation, nicht die Zufälligkeit einer Religion. Sunniten standen daher im Herbst 2019 gemeinsam mit Schiiten in den Tränengasschwaden der irakischen oder libanesischen Polizei. Selbst junge Frauen schlossen sich ihnen an. Und aus dem Norden kam eine ganz überraschende Unterstützung: Jesiden und Kurden, sonst eher ausgegrenzt und selber auf Abgrenzung bedacht, solidarisierten sich mit den arabischen Muslimen in der fernen Hauptstadt. Ein bis dahin nicht gekanntes Gefühl der Zusammengehörigkeit gegen die korrupten *Die-da-oben* schien zumindest einen Teil der irakischen und libanesischen Jugend erfasst zu haben.

Die Alten ahnten wohl, dass es bedrohlich für sie werden könnte, antworteten daher wie bekannt mit schwer bewaffneten Polizisten in gepanzerten Fahrzeugen, ausgerüstet mit Wasserwerfern, Tränengas und scharfer Munition. Allein im Irak starben während des Unruheherbstes 2019 weit über 400 junge Menschen, als sie auf dem Tahrirplatz Bagdads demonstrierten. Auch den Abzug des

## Ausblick – ist ein solcher Naher Osten noch zu retten?

Irans forderten sie, ein Sakrileg, dass die Sicherheitskräfte mit scharfer Munition beantworteten. Als eine amerikanische Drohne den iranischen General Qasem Soleimani am 3. Januar 2020 regelrecht hinrichtete, klatschten etliche irakische Oppositionelle Beifall. Selbst von schiitischen Jugendlichen kam Applaus, war doch bekannt, dass er es gewesen war, der das harte Vorgehen der Sicherheitskräfte gegen die Demonstranten angeordnet hatte. Ganz erfolglos waren die Proteste nicht. Immerhin erzwangen sie den Rücktritt des Ministerpräsidenten Adil Abd al-Mahdi. Auch im Libanon gingen die Proteste nicht spurlos an der Regierung vorüber. Sogar in Hochburgen der Hisbollah wagten sich junge Schiiten auf die Straße, um gegen korrupte Funktionäre dieser im Westen als terroristisch eingestuften *Partei Gottes* zu protestieren. Die vom Iran gesteuerte Hisbollah-Miliz verwarnte die jungen Unzufriedenen, es nicht zu weit zu treiben, und ließ durchblicken, dass sie auch bereit sei, gewaltsam gegen sie vorzugehen. In Algerien hatten die Demonstrationen immerhin zum Rückzug des seit zwanzig Jahren regierenden Präsidenten Abdelaziz Bouteflika geführt. Kleine Anfangserfolge.

Doch dann kam Corona, für die Regime dieser Länder genau im richtigen Augenblick. Jetzt konnten sie die Daumenschrauben wieder richtig anziehen. Lockdown, Ausgangsverbote. An Demonstrieren war nicht mehr zu denken – zwei Jahre lang. Das Virus hatte die Protestwellen gestoppt, ehe sie sich zu einem Tsunami aufbauen konnten. Verraucht war der Zorn der jungen Menschen über die regierenden Greise zwar nicht, doch auf die Straßen trieb er sie auch nicht mehr. Resignation, Entmutigung und Aussichtslosigkeit lähmen sie, zumindest im Augenblick. Im Libanon kam noch eine Katastrophe ganz anderer Art hinzu. Im Sommer 2020 tötete eine verheerende Explosion im Beiruter Hafen mehr als 200 Menschen, über 7.000 wurden verletzt, Hunderttausende machte sie obdachlos. Bestraft wurde bislang niemand, noch nicht einmal zur Verantwortung gezogen, obwohl viele Finger auf die Hisbollah zeigen. Aber niemand wagte es, diese in Parlament und Regierung mächtige schiitische Partei anzuklagen. Außerdem wissen alle, dass deren hochgerüstete Miliz auch vor Mord nicht zurückschreckt. Kein Wunder, dass viele junge Libanesen nur noch eines wollen: Nur weg! So weit wie möglich.

Auch im Irak versuchen die Politiker inzwischen wieder, die Zeit anzuhalten: Parlamentswahlen im Herbst 2021. Gewinner: der Irankritiker Muqtada al-Sadr – Abkömmling einer berühmten schiitischen Klerikerfamilie, ein Protestpolitiker, der es versteht, die Straße aufzuwiegeln, ein Vollblutpopulist, daher beliebt bei den Ärmsten unter den Schiiten, und außerdem ein ausgefuchster Strippenzieher, der nun aber Gefahr läuft, über die eigenen Strippen zu stolpern und ins Straucheln zu geraten. Denn sein bisher größter Erfolg könnte für ihn leicht zum Pyrrhus-Sieg werden.

> **Muqtada al-Sadr**
> Geboren am 12.8.1973 als jüngster Sohn des Großajatollahs Sadiq al-Sadr, den Saddam Hussein 1999 ermorden ließ. Radikaler Geistlicher, Führer der Mahdi-Armee, die gegen die US-Truppen kämpfte. Zunächst Parteigänger des Iran, Anschläge auf US-Truppen. Ab 2004 Kämpfe zwischen Sunniten-Führer Zarqawi und dem Schiiten-Radikalen al-Sadr. Von 2008–2011 zu religiösen Studien im Iran. Nach Rückkehr in den Irak Engagement in der Politik des Landes; Erstürmung des Parlaments. Überwirft sich mit dem Iran. Bei Wahlen 2018 zusammen mit säkularen Parteien relative Mehrheit der Sitze. Oktober 2021: al-Sadr gewinnt die vorgezogenen Parlamentswahlen. Juni 2022 zieht al-Sadr seine Abgeordneten aus dem Parlament zurück und gibt so den Weg frei zu einer dem Iran genehmen Regierung.

Im Parlament verfügen die Schiiten rein rechnerisch über eine absolute Mehrheit, sind untereinander aber tief zerstritten: Iran-Anhänger bekämpfen Iran-Gegner, nationalistische Sadristen kämpfen gegen Pro-Iran-Parteien. Und da ohne die Zustimmung des großen Nachbarn im Land so gut wie nichts geht, war keine der iranfreundlichen Parteien bereit, nach den Wahlen 2021 zusammen mit der stärksten Fraktion, den irankritischen Sadristen, eine Koalition zu bilden. Die Folge: ein Jahr lang politischer Stillstand, unterbrochen von heftigen, auch gewalttätigen Demonstrationen der Sadr-Zeloten. Erst als der bärtige Wahlsieger seine 73 Abgeordneten aus Protest aus dem Parlament abberief, gelang es im Oktober 2022 dem proiranischen Block, eine Regierung zu bilden.

So weit so schlecht für den Irak. Denn es ist kaum anzunehmen, dass diese neue Regierung die Kernprobleme des Landes wie Korruption oder Klientelismus beseitigen oder auch nur die Grundversorgung der Bevölkerung verbessern wird, die trotz steigender Öleinnahmen immer noch nicht gesichert ist.

Einen Lichtblick hatte es bei der Wahl dennoch gegeben. Aus der Protestbewegung vom Oktober 2019 waren kleine Parteien hervorgegangen, die sich für die Wahlen ein Jahr später zum Bündnis *Tishreen* (»Oktober«) zusammengeschlossen und aus dem Stand 33 Sitze erobert hatten. Vergeblich waren die neuen Jugendproteste also nicht.

Solche Entwicklungen registrieren natürlich auch Politiker wie as-Sisi in Ägypten. Zweifellos gehört auch er auf die lange Liste der Politikversager im Nahen Osten, da sein wichtigstes politisches Ziel nicht etwa das Wohlergehen der Bevölkerung ist, sondern schierer Machterhalt. Statt in Bildung, Gesundheit, Wohnen oder in zuverlässige öffentlich Dienstleistungen zu investieren, bauen Regime wie Ägypten oder Syrien lieber Gefängnisse, rüsten Militär und – noch wichtiger – den Sicherheitsapparat auf, der ihnen das Überleben garantieren soll.

Den brauchen sie auch dringend angesichts der zunehmenden Verarmung der Bevölkerung in Ägypten zum Beispiel: zwei Drittel der 105 Millionen Einwohner sind arm oder von Armut bedroht. Sie können sich zum Beispiel Bohnen, Zwiebeln oder Tomaten kaum noch leisten. Reis wird immer teurer. Auch der Preis für das wichtige Grundnahrungsmittel Brot steigt. So ist es auch für Huhn, die oft einzige Form von Fleisch, die sich die Mehrheit der Bevölkerung noch leisten kann. Diese dringendsten Bedürfnisse der Bevölkerung jedoch zu befriedigen, interessiert das Regime as-

## Ausblick – ist ein solcher Naher Osten noch zu retten?

Sisi offensichtlich nicht. Lieber hält es seine Untertanen auf Distanz und zieht sich in eine für mindestens 60 Milliarden Dollar gebaute neue Hauptstadt zurück. Diese Retortenstadt liegt ungefähr auf halber Strecke zwischen Kairo und dem Suezkanal mitten in der Wüste und soll einmal 6 Millionen Ägyptern Wohnung und Arbeit bieten. Bis so weit ist, muss aber noch viel gebaut werden. Etliche Hochhäuser mit Eigentumswohnungen stehen zwar schon, die meisten aber sind leer, da sie für die Mehrheit der Ägypter unbezahlbar sind. Kritiker werfen dem Präsidenten vor, eine Stadt für Reiche zu bauen, statt für dringend notwendige Investitionen in Schulen und Universitäten zu sorgen.

Schon 2004 hatte der *Arab Human Development Report* (AHDR) geklagt, das Wissensniveau an den Schulen sei extrem niedrig, den Schülern fehle die Fähigkeit, analytisch und innovativ zu denken. Auswendiglernen ist angesagt an den Grundschulen. Der AHDR folgert: »Den Schülern wird Unterwürfigkeit eingetrichtert. Dieses Lernmilieu lässt keinen freien Dialog und aktives Erforschen zu und eröffnet daher kaum die Möglichkeiten von freiem Denken und Kritikfähigkeit.«

Daran hat sich bis heute kaum etwas geändert. Immer noch drängen sich bis zu fünfzig Schüler in einer Klasse, unterrichtet von überforderten Lehrern. Schulen mit einem solchen Lernumfeld können höchstens Halbalphabeten heranbilden, Menschen also, denen Lesen und Schreiben ein Leben lang fremd bleibt. Nicht selten bieten daher die vom Staat miserabel bezahlten Lehrer am Nachmittag teuren Nachhilfeunterricht an, um die Schüler auf Prüfungen vorzubereiten. Kein Wunder, dass laut neuer Untersuchungen des *Arabbarometers* ein Drittel (Palästina, Jordanien) bis zu 65 Prozent (Ägypten) aller arabischer Jugendlichen der Meinung sind, ohne Bestechung und Beziehung hätten sie keine Chance, vom staatlichen Bildungssystem zu profitieren. Für Korruptionsweltmeister wie Ägypten, Tunesien, Libanon, Marokko oder dem Irak gilt also als Faustregel: Schüler haben nur dann Aussicht auf einen ordentlichen Schulabschluss, wenn sich ihre Eltern teure Nachhilfe und die Bestechungsgelder leisten können. Die Kinder

der meisten Bauern, Handwerker, Arbeiter oder Kleinhändler sind demnach von Bildung so gut wie ausgeschlossen, die der vielen Tagelöhner ohnehin.

Hinzu kommt: mehrere Millionen Kinder gehen überhaupt nicht oder nur selten zur Schule, weil sie in den Werkstätten oder auf den Feldern ihrer Väter arbeiten müssen. All das hat zur Folge, dass immer noch 43 Prozent der 280 Millionen Araber in 22 Ländern weder lesen noch schreiben können. Wer nicht lesen kann, ist auf die staatlich gesteuerten und zensierten Fernseh- oder Radioprogramme als Informationsquelle angewiesen. Gehorsame Untertan sollen so herangezogen werden, nicht aber mündige Bürger.

Mit dieser Despoten-Pädagogik versuchen alle arabischen Regime ihre Untertanen gefügig zu machen. Dass aber auch zum Buckeln Gezwungene irgendwann einmal versuchen aufrecht zu gehen, zeigten die Aufstände von 2011 und die Protestwellen von 2019. Sie hätten so etwas sein können wie ein Weckruf. Doch Regierung, Militär und Politiker wollten nichts hören. Fühlen können sie vermutlich ohnehin nicht. Letztendlich sind sie mit politischer Taub- und Blindheit geschlagen, mit egomanischer Selbstgefälligkeit, ohne jede Fähigkeit zu Weitsicht, Klugheit oder gar Empathie. Ein Polit-Narzissmus, der erst mit der Selbstzerstörung endet. Auch das ist ein Merkmal dieser Elite. Ein Politiker, der sich so an die Macht klammert, leitet auf Dauer seinen eigenen Niedergang ein. Den kaum vermeidbaren Ruin ihrer Länder nehmen solche Politiker dabei in Kauf.

Hinzu kommt: Die Geburtenraten dieser Länder sind nach wie vor extrem hoch, die Gesellschaften werden also immer jünger. So ist mehr als die Hälfte der Bevölkerung Ägyptens wie auch die in anderen arabischen Ländern jünger als 25 Jahre. Jedes Jahr drängen also Millionen junger Araber auf die Arbeitsmärkte, die meisten ohne Aussicht auf einen Job nach ihrer Wunschvorstellung. Die schwierige Jobsuche wird zu einer Existenzfrage. 2016 warnte der *Arab Human Development Report*:

## Ausblick – ist ein solcher Naher Osten noch zu retten?

»Viele erhalten nach wie vor eine Ausbildung, die nicht den Anforderungen des Arbeitsmarktes entspricht. Junge Menschen, die nicht für ihren Lebensunterhalt aufkommen können, haben es schwer, ein eigenes Heim und eine eigene Familie zu gründen. Das Risiko für diese jungen Menschen besteht darin, dass sie, anstatt Chancen zu erkunden und Zukunftsperspektiven zu entdecken, Frustration, Hilflosigkeit, Entfremdung und Abhängigkeit erleben.«

Doch Korruption und Nepotismus verhindern notwendige wirtschaftliche Reformen, klagt der Report. Und wenn es sie einmal gibt, dann werden sie oft nur halbherzig durchgesetzt. Lieber füllen sich die Regime die eigene Tasche als mit erwirtschaftetem Geld soziale Probleme zu lösen. Daher sind Jugendarbeitslosigkeit und Verarmung der Jugend nirgends höher als im Nahen Osten. Am höchsten ist sie unter jungen Frauen. Und finden sie einen Job, werden sie deutlich schlechter bezahlt als ihre männlichen Kollegen. Mit der Perspektivlosigkeit wächst die Wut der Jungen auf die Alten. Auch davor warnt der Report von 2016:

»Der Bericht stellt fest, dass die heutige Generation junger Menschen gebildeter, aktiver und besser mit der Außenwelt verbunden ist und daher ein größeres Bewusstsein für ihre Realität und größere Hoffnungen auf eine bessere Zukunft hat. Das Bewusstsein der jungen Menschen für ihre Fähigkeiten und Rechte kollidiert jedoch mit einer Realität, die sie an den Rand drängt und ihnen den Weg versperrt, ihre Meinung zu äußern, sich aktiv zu beteiligen oder ihren Lebensunterhalt zu verdienen. Das führt dazu, dass die Jugend, anstatt ein großes Potenzial für den Aufbau der Zukunft zu sein, zu einer überwältigenden Macht der Zerstörung werden kann.«

Ist Gewalt also unvermeidbar? Ist es im Nahen Osten unmöglich, eine offene Gesellschaft mit friedlichen Mitteln zu realisieren? Festzustehen scheint: Freiwillig werden die Könige, Scheichs und selbsternannten Präsidenten nicht gehen. Bestenfalls werden sie versuchen, durch kleinere Zugeständnisse die Wut und den Frust der jungen Araber einzudämmen. Und schlimmstenfalls? Wenn der Druck im Kessel wie schon in den vergangenen Jahren immer weiter steigt, dann ist eine neue Eruption kaum vermeidbar. Was im Augenblick noch fehlt, ist ein Funke, der die Verbitterung zur Explosion bringt. Diese Revolten werden dann blutiger sein als die von 2011, hatten mir Oppositionelle in Ägypten gesagt, denn dieses Mal werde keine Seite der anderen etwas schenken. Die as-Sisis der arabischen Welt wissen, dass sie alles zu verlieren haben. Macht, Pfründe, Prunk und Protz, vielleicht sogar am Ende ihr Leben. Und die andere Seite hat schon lange kein Vertrauen mehr in Kompromisse mit diesen alten Eliten. »Sie lügen und betrügen, wo sie können. Mit ihnen kann man nicht verhandeln«, so die Meinung der meisten Oppositionellen, die ich gesprochen habe, egal in welchem der arabischen Länder. Sie werden nicht mehr bloße Kosmetik am System hinnehmen, sich nicht mehr mit leeren Versprechungen abspeisen lassen. Der Wandel wird grundlegend sein müssen, ohne eine tiefgehende Neuordnung der Gesellschaften dieser Länder, vielleicht auch durch eine Revolution, werden sie sich nicht zufriedengeben. Ob solche Revolten allerdings heftig genug sein werden, um – anders als 2011 – die Polit-Mafia endgültig aus dem Dorf zu jagen, kann heute noch keiner sagen.

# Chronologie der wichtigsten Ereignisse im Nahen Osten

| | |
|---|---|
| 1916 | Sykes-Picot-Abkommen zwischen Frankreich und Großbritannien |
| 1917 | Balfour-Deklaration zur jüdischen Heimstatt in Palästina |
| 1918 | Eroberung von Damaskus; Kapitulation des Osmanischen Reiches (30.10.); Besetzung Syriens durch französische Truppen (1.11.); blutige Niederschlagung der arabischen Aufstände durch Entente-Mächte |
| 1920/21 | Antizionistische Unruhen in Jerusalem (April 1920) und Jaffa (Mai 1921) |
| 1922 | Ratifizierung des Französischen Völkerbund-Mandats über Syrien und Libanon und des Britischen Völkerbund-Mandats über Palästina, Transjordanien und Irak |
| 1924–1931 | Vierte Alija (80.000 Menschen) |
| 1925 | Eröffnung Hebräische Universität in Jerusalem |
| 1929 | Arabische Unruhen in Jerusalem; Massaker an Juden in Hebron und Safed |
| 1932 | Abd al-Aziz Ibn Saud ernennt sich zum König über Saudi-Arabien |
| 1932–1938 | Fünfte Alija (200.000 Menschen) |
| 1936 | Gründung des Jüdischen Weltkongresses durch Nachum Goldmann |
| 1936–1939 | Arabischer Aufstand gegen britische Herrschaft und jüdische Einwanderung |
| 1937 | Brit. Peel-Kommission empfiehlt Teilung Palästinas zwischen Arabern und Juden (7.7.) |
| 1939 | Erdölfunde in Saudi-Arabien |
| 1939–1945 | Zweiter Weltkrieg |

Chronologie der wichtigsten Ereignisse im Nahen Osten

| | |
|---|---|
| 1941 | Besuch des Großmufti von Jerusalem bei Hitler in Berlin (28.11.); Beginn der Kampfhandlungen im Nahen Osten (2.5.); Waffenstillstand zwischen Briten und Irakern (31.5.) |
| 1942 | Baltimore-Konferenz in New York unter Leitung Ben Gurions |
| ab 1944 | Verstärkter Einsatz zionistischer Parteien zur Gründung eines jüdischen Staates; Kampf gegen Briten |
| 1945 | Befreiung von Auschwitz (27.1.); Gründung Arabische Liga (22.3.); Gründung Vereinte Nationen (26.6.) |
| 1946 | Abzug franz. Truppen aus Syrien und dem Libanon; Angriff auf das Hauptquartier der brit. Militäradministration in Jerusalem durch jüdische Guerilla mit 91 Toten |
| 1947 | Flüchtlingsschiff »Exodus« wird im Juli bei Haifa aufgebracht und die geflüchteten europäischen Juden werden mit Deportationsschiffen der brit. Regierung über Marseille und Gibraltar nach Hamburg gebracht; UN-Vollversammlung stimmt im November für Teilung Palästinas in jüdischen und arabischen Staat mit Jerusalem unter internationaler Kontrolle |
| 1948/49 | Ausrufung Staat Israel durch Ben Gurion; Beginn erster arabisch-israelischer Krieg (15.5.1948 bis Frühjahr 1949 – während des Krieges Vertreibung und Flucht von 700.000 Palästinensern, Vertreibung von Juden aus arabischen Ländern, Einwanderung aus Europa); Israel 59. Mitglied der UNO; erste Waffenstillstandsbeobachtermission UNTSO; Beginn ägyptischer Herrschaft über Gazastreifen; Transjordanien annektiert Westjordanland (Dez.) |
| 1952 | Putsch der »Freien Offiziere« in Kairo gegen König Faruk |
| 1954 | Gamal Abdel Nasser übernimmt als Präsident Macht in Ägypten |
| 1956 | Suezkrieg bzw. Sinai-Feldzug (Okt./Nov.); UNEF I – erstmals werden Blaues Barett und Blauer Helm getragen |
| 1958 | Erfolgreicher Putsch gegen irakischen König, Irak unabhängige Republik |
| 1959 | Gründung der Fatah (Arafat Mitgründer, später Anführer) (10.10.) |
| 1961/62 | Prozess gegen Adolf Eichmann |

Chronologie der wichtigsten Ereignisse im Nahen Osten

| | |
|---|---|
| 1962 | Gründung der Liga der islamischen Welt in Mekka |
| 1964 | Gründung der PLO |
| 1965 | Aufnahme diplomatischer Beziehungen zwischen Israel und BRD |
| 1967 | Sechstagekrieg, Niederlage der Araber (5.–10.6.); UN-Resolution 242: Rückzug aus »besetzten Gebieten« |
| 1968 | Staatsstreich der Bath-Partei im Irak |
| 1969 | Militärputsch gegen König Idris von Libyen (1.9.); Muammar al-Gaddafi übernimmt Vorsitz der Militärjunta, Staatschef bis 2011; Arafat Vorsitzender der PLO; Vertrag von Kairo (3.11.) |
| 1969/70 | Ägyptisch-israelischer Abnutzungskrieg am Suezkanal |
| 1970 | Tod des ägyptischen Staatspräsidenten Nasser, Anwar as-Sadat wird Nachfolger; Hafiz al-Assad putscht sich in Syrien an die Macht; Putschversuch der PLO gegen jordanischen König (»Schwarzer September«), jordanische Truppen vertreiben PLO, die ihre Basis in den Libanon verlegt |
| 1972 | Palästinensische Terrorangriffe am Flughafen von Tel Aviv (30.5.) und auf die israelischen Sportler bei den XX. Olympischen Sommerspielen in München (5.9.) |
| 1973 | Jom-Kippur- Krieg gegen Ägypten und Syrien (6.–25.10.); Erdölboykott der OPEC; als erster Bundeskanzler besucht Willy Brandt Israel |
| 1974 | Truppenentflechtungsvertrag Israels mit Ägypten und Syrien (18.1.); Arafat spricht vor der UN, die PLO erhält Beobachterstatus; Arabische Liga legitimiert PLO als Vertretung der Palästinenser; Rede Yassir Arafats vor Vereinten Nationen in New York: »Ich bin hierher gekommen mit einem Ölzweig in der einen und der Waffe des Freiheitskämpfers in der anderen Hand.« |
| 1977 | Erster Besuch eines ägyptischen Präsidenten in Israel, gegenseitige Anerkennung; Sadat spricht in Knesset |
| 1978 | Israelische Truppen marschieren im März in den Südlibanon ein; Camp David-Verhandlungen zwischen Ägypten und Israel führen im September zu Vertrag: Rückgabe Sinai-Halbinsel an Ägypten; im Oktober Friedensnobelpreis an Begin und Sadat; |

Chronologie der wichtigsten Ereignisse im Nahen Osten

| | |
|---|---|
| 1979 | Unterzeichnung Friedensvertrag zwischen Israel und Ägypten in Washington; Islamische Revolution in Iran, Sturz des Schah, Ayatollah Chomeini übernimmt Führung der Islamischen Republik Iran; Besetzung der heiligen Moschee in Mekka durch 500 sunnitische Extremisten, die tausende Geiseln nahmen; Machtübernahme Saddam Husseins im Irak, bleibt bis 2003 Präsident |
| 1980 | Beginn des Ersten Golfkriegs (Irak-Iran-Krieg), bis 1988 |
| 1981 | Ägyptens Staatspräsident Sadat wird ermordet (6.10.), Nachfolger Mubarak; Israel annektiert Golanhöhen |
| 1982 | Israelischer Einmarsch in den Libanon »Frieden für Galiläa« (6.6.); Einrichtung »Sicherheitszone« im Südlibanon; Entstehung schiitischer Hisbollah; PLO verlegt ihren Sitz nach Tunis; Massaker in den Palästinenserlagern Sabra und Schatila im Libanon durch libanesische Milizen mit Duldung der Israels (16./17.9.) |
| 1987 | Beginn der Ersten Intifada (bis 1990); Gründung der Hamas |
| 1989 | Beginn der Masseneinwanderung von Juden aus der UdSSR |
| 1990 | Beginn des Zweiten Golfkrieges (Überfall des Irak auf Kuwait) (2.8.) |
| 1991 | Nahost-Friedenskonferenz in Madrid (30.10.– 2.11.) im Anschluss Gespräche zwischen Israel und Palästinensern |
| 1992 | Hisbollah nimmt erstmals an Parlamentswahlen im Libanon teil |
| 1993 | Unterzeichnung Osloer Prinzipienerklärung zwischen Israel und PLO; Treffen zwischen Rabin und Arafat (13.9.): gegenseitig Anerkennung |
| 1994 | Gaza-Jericho-Abkommen (Oslo I), Arafat übernimmt Leitung der Palästinensischen Autonomiebehörde (Juli); Entstehung der Autonomiegebiete im Gazastreifen und im Westjordanland; Friedensvertrag zwischen Israel und Jordanien (26.10.); Friedensnobelpreis an Rabin und Arafat (14.10.) |
| 1995 | Interimsabkommen zwischen Israel und PLO (Oslo II) in Washington (28.9.); Ermordung Rabins (5.11.) |

Chronologie der wichtigsten Ereignisse im Nahen Osten

| | |
|---|---|
| 1996 | Israelischer Angriff auf Libanon (Operation »Früchte des Zorns«): 118 libanesische Flüchtlinge werden in UN-Lager bei Kana getötet (11.4.) |
| 1996–1999 | 1. Regierung Netanjahus |
| 2000 | Tod des syrischen Präsident Hafiz al-Assad im Juni, Sohn Bashar al-Assad wird sein Nachfolger; Gipfel von Camp David scheitert im Juli; Sharon besucht im September den Tempelberg, Beginn der al-Aqsa-Intifada (Okt.); israelischer Rückzug aus der »Sicherheitszone« im Südlibanon |
| 2001 | Al-Qaida-Terrorangriffe in New York City und Washington (11.9.); Beginn des »war on terror« in Afghanistan unter US-Führung |
| 2002 | Arabische Liga stimmt Friedensvorschlägen Saudi-Arabiens zu, die für einen Rückzug Israels aus besetzten Gebieten die Anerkennung der Existenzrechte durch die Mitglieder der AL in Aussicht stellen; Israel besetzt große Teile des Westjordanlandes (28.3.) |
| 2003 | Beginn des Dritten Golfkriegs »Operation Iraqi Freedom« (20.3.); Besetzung des Irak; Baubeginn der israelischen Sperranlage zur Trennung von Israelis und Palästinensern |
| 2005 | Sharm-El-Sheikh-Abkommen, Ende Zweite Intifada; israelische Räumung des Gazastreifens (12.9.); Abzug syrischer Truppen aus Libanon; Karikaturenstreit: Massendemonstrationen in islamischer Welt gegen Mohammed-Karikaturen |
| 2006 | Hamas gewinnt Parlamentswahlen in Autonomiegebieten; Ausscheiden Sharons aus Politik (Jan.), neue Regierung Olmert (21.5.); Entführung zweier israelischer Soldaten durch Kommando der schiitischen Hisbollah-Miliz; 2. Libanonkrieg (12.7–14.8.) |
| 2007 | Bürgerkriegsähnliche Kämpfe zwischen Milizen der Hamas und Fatah, Hamas übernimmt Kontrolle im Gazastreifen, Fatah im Westjordanland; Ende der Regierung der nationalen Einheit; Verhandlungen in Annapolis (USA) zwischen Israel und Palästinensern ohne Ergebnis |
| 2008 | Im Mai bewaffnete Auseinandersetzungen im Libanon mit mehr als 80 Toten und 200 Verletzten; im Oktober schwere Unruhen zwischen jüdischen und arabischen Einwohnern in der nordisraelischen Hafenstadt Akko nach dem jüdischen Jom Kippur-Fest, |

## Chronologie der wichtigsten Ereignisse im Nahen Osten

|  |  |
|---|---|
| | beide Seiten beschuldigen sich der Provokation und des Extremismus |
| 2009–2021 | Netanjahu Ministerpräsident Israels |
| 2010 | Selbstverbrennung des tunesischen Gemüsehändlers Mohammed Bouazizi löst den sogenannten Arabischen Frühling aus |
| 2011 | Sturz Ben Ali in Tunis;<br>Aufstände auf Tahrirplatz in Kairo und anderen Städten des Landes, 11. Februar: Mubarak dankt ab;<br>Demonstrationen in Syrien lösen einen Bürgerkrieg aus, der bis heute (2023) nicht beendet ist;<br>Aufstände in Bahrain werden von Truppen aus Saudi-Arabien und den Emiraten niedergewalzt;<br>Aufstände und Demonstrationen in Libyen, Bürgerkrieg bis heute;<br>Demonstrationen und später Krieg im Jemen;<br>Abzug der US-amerikanischen Truppen aus dem Irak |
| 2012 | Erste freie Präsidenten- und Parlamentswahl in Ägypten; Moslembruder Mohammed Mursi zum Präsidenten gewählt |
| 2013 | Putsch gegen Mursi angeführt durch den Verteidigungsminister Abd al-Fattah as-Sisi |
| 2014 | Abd al-Fattah as-Sisi lässt sich zum Präsidenten Ägyptens wählen, regiert das Land seither mit harter Hand; Siegeszug des IS beginnt bis ca. 2018; US-Soldaten zurück im Irak zur IS-Bekämpfung |
| 2015 | Saudi-Arabien und die Vereinigten Arabischen Emirate beginnen einen Krieg gegen den Nordjemen, der bis heute (2023) noch nicht beendet ist; Atomwaffenabkommen zwischen Iran, USA, Großbritannien, Deutschland, Russland, Frankreich, China nach zwölfjährigen Verhandlungen: Iran verpflichtet sich keine Atomwaffen zu bauen (2018 von Präsident Trump aufgekündigt); Russland unterstützt Bashar al-Assad mit eigenen Truppen in Syrien |
| 2017 | US-Präsident Donald Trump erkennt Jerusalem als Hauptstadt Israels an |

Chronologie der wichtigsten Ereignisse im Nahen Osten

| | |
|---|---|
| 2020 | Friedensvertrag zwischen Israel und Vereinigten Arabischen Emiraten; später Abkommen mit Bahrain, Sudan und Marokko (Abraham-Abkommen) |
| 2021 | Überstürzter Abzug der westlichen Truppen aus Afghanistan im August. Die Taliban übernehmen wieder die Macht. |
| 2023 | Benjamin Netanjahu stellt zum dritten Mal die Regierung in Israel zusammen mit religiös-orthodoxen Rechten und Rechtsextremisten; durch Vermittlung Chinas beschließen der Iran und Saudi-Arabien wieder diplomatische Beziehungen aufzunehmen, die sie 2016 abgebrochen hatte – damit könnten Spannungen in jenen Konflikten reduziert werden, in denen Iran und Saudi-Arabien als Gegner beteiligt sind, so im Jemen, in Libyen oder Syrien |